Mitteleuropa, südlicher Teil:
siehe hintere Umschlagklappe
Ostsee
42 Jagdschloss Granitz
SZCZECIN
POLEN
38 Schloss Rheinsberg
Oder
Schloss Charlottenburg
34 BERLIN
POTSDAM 76
Schloss Sanssouci
POZNAN
Schloss Branitz
35
Odra
DESSAU
78
Schloss Wörlitz
Elbe
Jagdschloss Moritzburg
Albrechtsburg
71
72
LEIPZIG
DRESDEN
WROCŁAW
Burg Kriebstein 70
Schloss Pillnitz
68
Zwinger 66
69 Festung Königstein
73
Schloss Weesenstein
TSCHECHIEN
PRAHA
PLZEN
Vltava
BRNO
19
24
11
10
2
13
15
4
14
72
93

Inhalt

Erklärung der Piktogramme

- Adresse
- Telefon
- Fax
- Internet
- Öffnungszeiten
- Essen und Trinken
- Sehenswertes
- Natur und Freizeit
- ★ TopTen

Der Autor

Johannes Buch, in Mecklenburg geboren und aufgewachsen, arbeitet als Pädagoge für Kunst und Geschichte. Er ist Autor des Bestsellers »Mit dem Euro durch Europa« (MERIAN kompass).

Burgen, Schlösser und Residenzen

Von den wehrhaften Festungen des Mittelalters bis zu den prunkvollen Schlössern der Neuzeit: Die romantischen Ruinen und Residenzen sind heute von Millionen besuchte Zeugnisse vergangener Macht und Pracht. Die Wehr- und Wohnbauten erzählen mit ihren Gemäuern und Gemächern spannende Geschichten aus alter Zeit und sind zugleich Denkmäler der Baukunst und Dokumente unserer Kulturgeschichte.

Der MERIAN kompass zeigt die großartigsten Bauwerke im deutschsprachigen Raum: Von Nordfriesland bis Südtirol, vom Elsass bis ins Burgenland werden über 100 Objekte im Kurzporträt ihrer Geschichte und Bedeutung vorgestellt. Zahlreiche Adressen und Tipps machen aus dem handlichen Nachschlagewerk einen praktischen Begleiter für unterwegs.

Über 20 000 Burgen im deutschsprachigen Europa

In allen deutschsprachigen Regionen Europas zählen mittelalterliche Burgen und neuzeitliche Schlösser zu den größten touristischen Attraktionen. Von den einst über 20 000 Burgen sind rund ein Drittel vollständig oder weitgehend verloren, ein Drittel als Burgen oder Burgruinen erhalten und ein Drittel zu Schlössern oder Residenzen verwandelt worden. Mit dem Zeitalter des Barock wurden zudem viele Schlösser aufgrund veränderter politischer Bedingungen und Anforderungen komplett neu gebaut.

Die Burg als mittelalterlicher Herrschaftssitz

Als befestigte Wohnsitze des Adels waren Burgen im Mittelalter ein weithin sichtbares Symbol der Macht über ein Herrschaftsgebiet. Sie waren das Zentrum der Wirtschaft, Verwaltung und Rechtsprechung, das strategisch günstig in der Nähe von Grenzen, Straßen oder Flüssen erbaut wurde. Aus wehrtechnischen Gründen und als Ausdruck vornehmer Privilegiertheit waren steile Höhenlagen auf Bergrücken oder Felsvorsprüngen die bevorzugten Standorte, um die herausragende Stellung des Bauherren weithin sichtbar zu demonstrieren.

Ein regelrechter Flickenteppich von rund 400 Territorien und kleineren Herrschaftsgebieten hat im Laufe der Jahrhunderte in den deutschsprachigen Regionen die verschiedenartigsten Bauweisen hervorgebracht. Ob Erdhügel-, Wasser-, Bergfried-, Gipfel- oder Ganerbenburg: Jede Anlage war ein individuelles Abbild der wohn- und wehrtechnischen Bedürfnisse und Möglichkeiten seiner Bauherren und Bewohner.

Zu einer wehrhaften mittelalterlichen Adelsburg gehörte in der Regel eine massive Ringmauer, ein tiefer Graben, eine geschützte Toranlage, ein bewohnbarer Palas und ein Bergfried als Aussichtskanzel und letzte Zuflucht. Türme dienten zusätzlich der Verteidigung ungeschützter Angriffsseiten. In ihren Anfängen oft von relativ einfacher Bauweise geprägt, entwickelten sich die Burgen im Laufe der Jahrhunderte zu raffinierten Festungs- und Verteidigungsanlagen, die immer wieder der militärischen Entwicklung angepasst wurden. So erhielten mit dem Aufkommen der Feuerwaffen im 14. Jh. viele Anlagen ein verstärktes Mauerwerk mit weiteren Türmen, Bollwerken und Rondellen, Zwinger und Vorburgen sowie Bastionen und vorgelagerte Schanzen für die eigenen Kanonen. Auch die Repräsentations-, Wohn- und Wirtschaftsräume wurden den Bedürfnissen ihrer Besitzer entsprechend stetig weiter entwickelt und immer aufwendiger ausgestattet. Viele Anlagen besaßen zudem eine Burgkapelle als Ausdruck der geistlichen Legitimation ihrer weltlichen Macht, die mit dem Wandel der Kunst- und Baustile laufend ergänzt oder verändert wurde.

Der Niedergang der Burgen zum Beginn der Neuzeit

Die Förderung der Städte durch die Fürsten, Herzöge und Landesfürsten besiegelte im 16. Jh. aus wirtschaftlichen und politischen Gründen den Niedergang der Burgen. Die Zünfte und Gilden schufen durch städtische Märkte und den einträglichen Fernhandel neue Wirtschaftsstrukturen, die den Landadel zunehmend verarmen ließen und zur Aufgabe ihrer Burgen

Marksburg (→ S. 56): Musterbeispiel einer mittelalterlichen Gipfelburg

1 Bergfried
2 obere Ringmauer, dahinter oberer Zwinger
3 untere Ringmauer, dahinter unterer Zwinger
4 Kapellenturm
5 Große Batterie
6 Kleine Batterie
7 Pulverturm
8 Rheinbau
9 Gotischer Saalbau
10 Burgvogtturm
11 Romanischer Palas

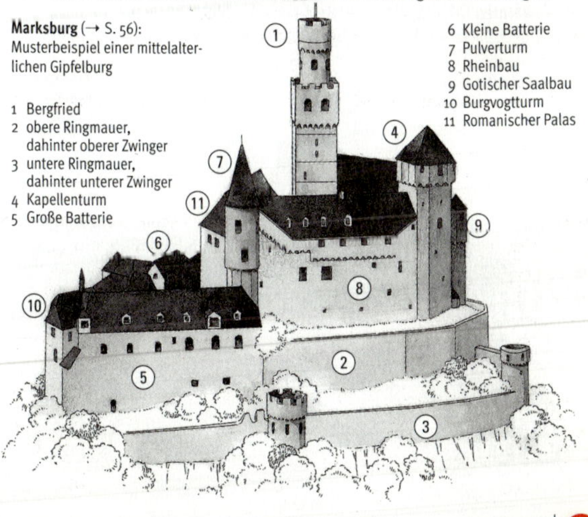

zwangen. Als neue Machtfaktoren entwickelten sich Städte und Fürstenhöfe, die mit ihrem Reichtum und Einfluss neue Repräsentations- oder Verteidigungsbauten schufen. Damit vollzog sich seit dem Beginn der Neuzeit die funktionale Trennung zwischen Schloss und Festung: Schlösser wurden nach dem Vorbild italienischer Paläste mit regelmäßigen Bauformen auf rechtwinkligen Grundrissen neu gebaut, Burgen erhielten auf Basis vorhandener Substanzen einen Um- und Ausbau mit symmetrischen Baukörpern.

Das Schloss als neuzeitlicher Herrschaftssitz

Das Ende des Dreißigjährigen Krieges 1648 beschleunigte diese Entwicklung. Nach der Zeit allergrößter Zerstörung brachten der Bedarf und die Baulust eine Fülle prachtvoller Schlösser und Klöster hervor. Vorbild einer ganzen Epoche wurde der französische »Sonnenkönig« Ludwig XIV., dessen Residenz in Versailles die Strahlkraft grenzenloser Macht- und Prachtentfaltung über den gesamten Kontinent verbreitete. Als Sinnbild dieses Gewaltanspruches entstand mit der Architektur des Barockschlosses ein symmetrischer Baukörper, der sich auf einen zentralen Mittelpunkt mit dem Herrscher als Zentrum seines feudalen Universums konzentriert. Den Kern der architektonischen Anlage bildete die Auffahrt mit dem Corps de Logis, das nach zentraler Eingangshalle und oftmals theatralisch wirkendem, monumentalem Treppenhaus zum meist überkuppelten, zur Gartenseite hin konvex vorschwingenden Hauptsaal führte. Beidseitig der Mittelachse befanden sich Wohnflügel mit einer durchgängigen Raumfolge aufwendig ausgestatteter

Schloss Charlottenburg (→ S. 34): Musterbeispiel einer herrschaftlichen Residenz

1 Kuppelturm
2 Mittelbau (Corps de Logis)
3 Seitenflügel
4 Ehrenhof mit Reiterstandbild
5 Toranlage
6 Kapelle
7 Orangerie
8 Neuer Flügel

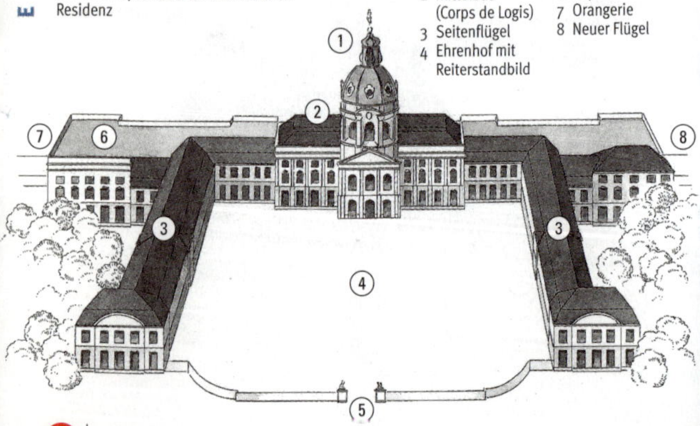

Gemächer für private und öffentliche Funktionen. Die Residenzen dienten nicht mehr der Verteidigung, sondern waren mit ihren verspielten und lebensprallen Formen Ausdruck des sorglosen Selbstverständnisses der Herrscher.

Die Außenanlagen waren für die Bauherren genauso bedeutsam wie der Schlossbau selbst. Nach französischem Vorbild öffneten sich die großen, zumeist dreiflügeligen Anlagen zu einer ausgedehnten Parkanlage. Hier wiederholte sich die vollkommene Symmetrie und Regelmäßigkeit der Architektur in einer künstlich angelegten Natur.

Im 18. Jh. veränderte sich diese Naturauffassung grundlegend zu Gunsten einer bewussten Wiedergewinnung der Natürlichkeit: Nach Vorbild englischer Landschaftsgärten legte man großzügige Parkanlagen an, die mit eindrucksvoll arrangierten Solitärbäumen oder Baumgruppen Assoziationen von frei gewachsener Natur wecken sollten. Diese abwechslungsreichen und idealisierten Naturräume entstanden unter Einbeziehung natürlicher Gegebenheiten oder durch Schaffung künstlicher Hügel, Seen und Kaskaden. Zusätzlich wirkungsvoll inszenierte Bauwerke wie Pavillons, Pyramiden, Tempel oder künstliche Grotten, Ruinen und Einsiedeleien verstärkten diesen Eindruck.

Die Industrialisierung und das Ende des Schlossbaus

Mit der Auflösung des Heiligen Römischen Reiches Deutscher Nation 1806 schwand die politische Macht des Adels und endete der traditionelle Schlossbau. Ende des 19. Jh. schuf zudem eine verklärte Rückbesinnung auf das Mittelalter nicht nur ein verfälschtes Bild der Vergangenheit, sondern mit einer Vielzahl echter Fantasieburgen auch Stein gewordene Adaptionen von Sagen und Legenden, die geheimnisvoll den Ort schicksalhafter Ereignisse und heldenmütiger Taten beschreiben sollten. Mit zahlreichen Neuschöpfungen brachte die Burgenromantik des 19. Jh. wahre Meisterwerke des Historismus hervor, die ihre historischen Vorbilder in Gestalt und Wirkung noch übertreffen wollten.

Die Vielfalt entdecken und erleben

Dieses Buch beschreibt die schönsten und bedeutendsten Burgen und Schlösser im deutschsprachigen Europa. Bei der Auswahl wurden allein öffentlich zugängliche sowohl staatliche und wie auch private Baudenkmäler von überregionaler Bedeutung berücksichtigt, die über ein vielfältiges Angebot an Ausstellungen und kulturellen Veranstaltungen sowie über gastronomische Einrichtungen verfügen. Als repräsentativer Querschnitt der einzigartigen historischen Vielfalt wurden zehn der schönsten und bedeutendsten Objekte mit speziellen 3-D-Grafiken und vielen zusätzlichen Informationen doppelseitig dargestellt.

Schloss Bruchsal

Weltlicher Glanz unter kirchlicher Herrschaft: Die einzige geistliche Residenz am Oberrhein

BADEN-WÜRTTEMBERG

Mit der Verlegung des bischöflichen Hauptsitzes von Philippsburg nach Bruchsal erfolgte 1720 die Grundsteinlegung für den farbenfrohen und prunkvollen Schlossbau, der als einer der originellsten Schöpfungen des deutschen Barock gilt. Illusionistische Fassadenmalerei, vergoldete Stuckdekorationen und riesige Wasser speiende Drachen verleihen dem Corps de Logis fürstliche Eleganz. Ein Meisterwerk Balthasar Neumanns ist das von ihm 1731 geschaffene, gewaltige ovale Treppenhaus mit Stuckarbeiten von Johann Michael Feichtmayr, einem Hauptmeister des süddeutschen Rokoko: In genialer Symbiose verschmelzen hier Architektur, Malerei und Stuck zu einer kunstvollen Einheit.

! **Bruchsal:** St. Peter (18. Jh.), **Speyer:** Kaiserdom (11. Jh.), Judenhof (12. Jh.)
Naturpark Heuchelberg, Badische Weinstraße, Badische Spargelstraße, Deutsch-Französische Touristikroute

D-76646 Bruchsal, Schlossverwaltung, Schlossraum 4
(0 72 51) 74 26 61
FAX (0 72 51) 74 26 61
www.bruchsal.de,
www.schloesser-magazin.de
www.schloesser-und-gaerten.de
Di–So 9:30–17 Uhr
Schlosscafé, Gasthaus zum Bären
! Museum der Stadt Bruchsal: Ausstellungen »Schloss Bruchsal gebaut, zerstört und wiedererstanden« (ab September 2003 wegen Umbau geschlossen), Museum mechanischer Musikinstrumente: über 450 selbst spielende Instrumente), September: »Bruchsaler Barocktage«, Schlossgarten

Zeittafel

1720–28 Errichtung der vielgliedrigen, aus 50 Einzelgebäuden bestehenden barocken Schlossanlage für den Fürstbischof von Speyer Damian Hugo von Schönborn durch Maximilian von Welsch

1731 Bau des Treppenhauses durch Balthasar Neumann

1945 Vollständige Zerstörung

1960–92 Detailgetreuer Wiederaufbau

Burg Hohenzollern

Märchenhafte Stammburg der Preußen: Die »Krone aller Burgen in Schwaben«

✉ D-72379 Hechingen,
Verwaltung Burg Hohenzollern
☎ (0 74 71) 24 28
FAX (0 74 71) 68 12
www.burg-hohenzollern.com
◷ 16. März–Okt. 9–17.30 Uhr,
Nov.–15. März 10–16.30 Uhr
🍴 Große Burgschänke
! Burgführungen, Veranstaltungen, Schatzkammer: Sammlung über Friedrich II. den Großen

Dank ihrer großartigen Höhenlage ist die vieltürmige Stammburg des deutschen Königs- und späteren Kaisergeschlechts eine der imposantesten Burganlagen Deutschlands. König Friedrich Wilhem IV. veranlasste den Wiederaufbau der Schloss- und Wehranlage in neugotischem Stil. Geprägt vom romantischen Zeitgeist in Deutschland, verwirklichte der »Romantiker auf dem Königsthron« damit seine verklärten Vorstellungen vom Mittelalter und schuf zugleich einen würdigen Bau zum Gedenken seiner Vorfahren aus dem Hause Hohenzollern. Einzig erhaltener original mittelalterlicher Teil der Burganlage ist die spätgotische Michaelskapelle von 1461 mit den ältesten Glasmalereien Südwestdeutschlands aus dem 11. Jh.

! **Balingen:** Schloss (15. Jh.), **Haigerloch:** Schloss (16. Jh.), **Tübingen:** Altstadt, Hölderlinturm, Schloss Hohentübingen (16.–17. Jh.), Stiftskirche (15. Jh.)
Schwäbische Alb, Hohenzollernstraße

Zeittafel

11. Jh. Erste Burg »Castro Zolre« unter Friedrich von Zollern

1423 Zerstörung

1454–61 Wiederaufbau unter Jos Niklas von Zollern

1618–23 Ausbau als größere und wehrhafte Festung

bis 19. Jh. Verfällt langsam zur Ruine

1850–67 Neugotischer Wiederaufbau unter König Friedrich Wilhelm IV. von Preußen durch Friedrich August Stüler

Schloss Heidelberg

Keimzelle der deutschen Renaissance: Das alte Machtzentrum der Kurpfalz am Neckar

BADEN-WÜRTTEMBERG

Die gewaltige, terrassenartig auf einem Bergrücken hoch über Neckar und Altstadt thronende Schlossruine prägt die malerische Kulisse des einstigen politischen und kulturellen Zentrums der Kurpfalz, das im 19. Jh. mit dem Wirken von Brentano, Arnim, Eichendorff und Görres zur Wiege der deutschen Romantik wurde. Sie gilt als eindrucksvolles Musterbeispiel für die Wandlung des Burgen- und Schlossbaus vom 13. bis ins 17. Jh. Niemand kann sich der einmaligen Wirkung dieses in Jahrhunderten gewachsenen und dann abrupt ruinierten gewaltigen Bauwerks entziehen.

Die ursprünglich stark befestigte spätgotische Burg, von der seit den Zerstörungen im Pfälzischen Erbfolgekrieg gegen Frankreich größtenteils nur noch Ruinen stehen, war einst Sitz der Pfälzischen Wittelsbacher. Mächtige Rundtürme, hohe Mauern und ein Burggraben sicherten die Residenz, von der als älteste Teile der Ruprechtsbau und die Brunnenhalle erhalten sind. Im 16. Jh. wurde die Burg zu einer der schönsten deutschen Renaissanceresidenzen umgebaut und erweitert. Mit dem Ottheinrichsbau, dem ersten Herrenhaus Deutschlands, das sich an die Vorbilder aus Italien und den Niederlanden anlehnte, und dem durch seinen mit zwei geschweiften Zwerchgiebeln abgeschlossenen Fassadenaufbau noch prächtigeren Friedrichsbau besitzt das Schloss nach dem Wie-

Zeittafel

Mitte 12. Jh. Erste staufische Burg unter Pfalzgraf Konrad

ab 1400 Bau des Schlosses für Kurfürst Ruprecht III. von der Pfalz

1508–44 Bau der Befestigungswerke für Ludwig V. von der Pfalz

1557–66 Renaissanceausbau für Otto Heinrich von der Pfalz

1601–07 Bau des Friedrichsbaus für Friedrich IV. von der Pfalz

1689–93 Zerstörung

1889–1901 Teilrekonstruktion

deraufbau um 1900 wieder zwei weitgehend intakte Renaissancepaläste. Gemeinsam mit dem Gläsernen Saalbau – so nach den ursprünglich vorhandenen Spiegeldekorationen im Innern benannt –, dem Fassbau und dem Englischen Bau bildeten sie einst ein glänzendes Ensemble repräsentativer höfischer Baukunst.

Die aus rotem Sandstein errichtete Schlossanlage gehört dank ihrer monumentalen Ausdehnung und der harmonischen Vielfalt unterschiedlichster Baugruppen und Stilprägungen zu den bekanntesten Sehenswürdigkeiten in Deutschland.

Reste der im 17. Jh. in mehreren Terrassen angelegten, einst als achtes Weltwunder bezeichneten Gartenanlage »Hortus Palatinus« im Stil der italienischen Spätrenaissance sind noch erhalten.

! Alte Brücke mit Karlstor (18. Jh.), Alte Universität (18. Jh.), Kurpfälzisches Museum, Marktplatz mit Heiliggeistkirche (15. Jh.) und Haus zum Ritter (16. Jh.),
Naturpark Neckartal-Odenwald

D-69117 Heidelberg
Schlosshof 1
(0 62 21) 53 84-31
FAX (0 62 21) 16 77 02
www.schloss-heidelberg.de
www.schloesser-und-gaerten.de
8–18 Uhr,
Schlosshof 9–17.30 Uhr
Bistro Backhaus und Restaurant Schlossweinstube
! Friedrichsbau: Schlossmuseum höfischer Kultur des 17. und 19. Jh., Ottheinrichsbau: Deutsches Apothekenmuseum, Sonderführungen, Schlossgarten Hortus Palatinus

TOP TEN

1 Ruprechtsbau
2 Ottheinrichsbau
3 Friedrichsbau
4 Gläserner Saalbau
5 Fassbau
6 Englischer Bau
7 Dicker Turm

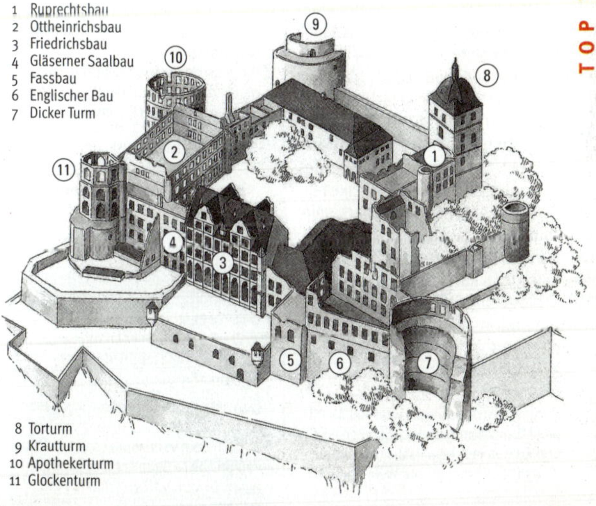

8 Torturm
9 Krautturm
10 Apothekerturm
11 Glockenturm

Schloss Karlsruhe

Sinnbild absolutistischer Macht: Eine Residenz »umarmt« ihre Stadt

BADEN-WÜRTTEMBERG

Inmitten des Hardtwalds, seinem bevorzugten Jagdrevier, ließ sich Markgraf Carl Wilhelm von Baden-Durlach ein Jagdschloss bauen, dessen ländliche Abgeschiedenheit als »Carols Ruh« zur Keimzelle der neuen Residenz wurde. Sein Nachfolger vergrößerte das ursprüngliche Barockschloss und ließ die badische Residenzstadt über 32 fächerförmig vom Schloss ausgehende Straßen nach streng geometrischem Raster anlegen. Die beiden Seitenflügel des Schlosses bilden die abgewinkelten Außenschenkel dieses Fächers, sein Zentrum ist der majestätische achteckige Schlossturm, der sich wie eine Krone aussichtsreich über der Schloss- und Stadtanlage erhebt. Die zurückhaltende Formensprache des Corps de Logis weist bereits klassizistische Züge auf.

! Klassizistische Stadtanlage mit Marktplatz (Sandsteinpyramide), Stephanskirche und Erbherzoglichem Palais (alle 19. Jh.)
Badische Spargel- und Weinstraße

D-76133 Karlsruhe,
Badisches Landesmuseum im Schloss
(07 21) 9 26 65-14
FAX (07 21) 9 26 65-37
www.landesmuseum.de
www.schloesser-und-gaerten.de
Di–Do 10–17 Uhr, Fr–So 10–18 Uhr
Museumscafé, Schlosscafé, Badische Weinstube
! Schloss: Badisches Landesmuseum mit Sammlungen zur Geschichte des südwestdeutschen Raums und zu antiken Kulturen des Mittelmeerraums, Sonderausstellungen
Orangerie: Staatliche Kunsthalle, Schlossgarten mit Botanischem Garten, Fasanerie und Grabkapelle der Großherzöge

Zeittafel

1715–19 Barockes Jagdschloss für Markgraf Carl Wilhelm von Baden-Durlach durch Jakob Friedrich von Batzendorff

1749–81 Frühklassizistische Residenz für Markgraf Carl Friedrich von Baden-Durlach nach Vorplanungen von Louis Philippe de La Guêpière und Balthasar Neumann durch Albert Friedrich von Keßlau

Burg Lichtenstein

Aus Dichtung wurde Wahrheit: Schönstes Beispiel deutscher Burgenromantik

✉ D-72805 Lichtenstein
☎ (0 71 29) 41 02
FAX (0 71 29) 52 59
www.schloss-lichtenstein.de
◷ April–Okt. 9–12 und 13–17 Uhr, Nov.–März Sa, So 9–12 und 13–17 Uhr
🍴 Schlossschänke, Gartenwirtschaft
! Kunstsammlungen, Waffen und Rüstungen, Schlosshofkonzerte, Sonderführungen im 2. und 3. Obergeschoss (nur mit Voranmeldung)

Die imposant auf einem schroffen Felskegel über dem Echaztal gelegene Burg Lichtenstein ist wie die nahe gelegene Burg Hohenzollern das Erzeugnis verträumter Fantasie: Angeregt durch den 1826 erschienenen Roman »Lichtenstein«, einer romantischen Sage von Wilhelm Hauff, sollte die Burg selbst das bayerische Schloss Hohenschwangau – einst Vorbild »deutscher Ritterburgen im edelsten Styl des Mittelalters« – noch übertreffen. So entstand mit Vorwerk und Zugbrücke sowie reich geschmückt mit Zinnen, Erkern und Giebeln eine Ritterburg im Stil der Gotik. Dieser Baustil galt beim Adel in der Gesellschaft des 19. Jh. als Ideal einer vergangenen heilen Welt beständiger Ordnung.

Zeittafel

um 1390 Erste Burg

1802 Abbruch der mittelalterlichen Burg

1840–42 Neugotischer Wiederaufbau für Herzog Wilhelm von Urach, Graf von Württemberg, durch Ernst Heideloff

! **Bad Urach:** Altstadt, **Erpfingen:** Bärenhöhle, **Lichtenstein:** Nebelhöhle, **Reutlingen:** Marienkirche (13. Jh.), **Trochtelfingen:** Altstadt, **Tübingen:** Altstadt, Schloss Hohentübingen (16.–17. Jh.)
🚶 Schwäbische Alb, Hohenzollernstraße

Schloss Ludwigsburg

»Schwäbisches Versailles« der Württemberger: Die größte Barockanlage in Deutschland

BADEN-WÜRTTEMBERG

Inmitten einer weitläufigen und vielgestaltigen Gartenlandschaft liegt die von Kriegszerstörungen verschont gebliebene Residenz, die zu den größten und bedeutendsten Barockschlössern Europas zählt. Keimzelle war der Fürstenbau, der ein abgebranntes kleines Jagdhaus ersetzte. Dann erfolgte mit dem dreiflügeligen Ausbau durch zwei Spiegelgalerien mit angeschlossenen Pavillons und den Trakten des Ordens- und Riesenbaus die Schaffung eines großartigen Ehrenhofes. Um den Repräsentationsansprüchen zu genügen, wurde mit dem gewaltigen, südlich vorgelagerten Fürstentrakt die heutige Vierflügelanlage vollendet. Im Grundriss erscheint die Gesamtanlage als ein tiefes Rechteck. Die nördliche Schmalseite schließt das alte Corps de Logis, die südliche das neue Corps de Logis ab. An der Westseite befinden sich Festinbau, Ordenskapelle und Jagdpavillon, an der Ostseite mit diesen symmetrisch korrespondierend Theaterbau, Schlosskirche und Spielpavillon. Der Spielpavillon stellt eine architektonische Besonderheit dar, weil in den quadratischen Raum ein Kuppelrund eingesetzt wurde.

Verkörperung absolutistischen Bau- und Gestaltungswillens sind die Hof- und die Gartenseite des 150 Meter breiten neuen Corps de Logis. Der Höhenunterschied wurde überbrückt, indem die Gartenfront zwei-

Zeittafel

ab 1704 Barockes Jagdschloss für Herzog Eberhard Ludwig von Württemberg durch Philipp Joseph Jenisch

1707–14 Ausbau zur Dreiflügelanlage durch Johann Friedrich Nette

1714–33 Erweiterung zur vierflügeligen Residenz durch Donato Guiseppe Frisoni

1800–15 Sommersitz von König Friedrich I. von Württemberg

und die Hoffront dreigeschossig ausgeführt wurden. Massig und dabei doch elegant, wölbt sich die Fassade im mittleren Teil zum Hof vor. Ein ganzer Götterhimmel mythologischer Gestalten umspielt sie zu beiden Seiten der Vorhalle, auf der Brüstung des Altans und auf der Höhe der Balustrade, die einem breit vorkragenden Gesimsband aufsitzt. Entsprechende Figuren stehen auf der Balustrade der Gartenseite.

Die Ausstattung der Innenräume erfolgte zuerst im Stil des Barock und Rokoko, dann im klassizistischen Gepräge. Stuckaturen, Wand- und Deckenmalereien, Gobelins und Tapisserien schmücken alle Räume. Ein englischer Park vollendete die Schlossanlage.

! **Ludwigsburg:** Marktplatz mit Stadt- und Dreieinigkeitskirche (18. Jh.), **Marbach:** Schiller-Geburtshaus und -Nationalmuseum, **Markgröningen:** Rathaus
Schwäbisch-Fränkischer Wald

D-71634 Ludwigsburg,
Schlossverwaltung
Schlossstr. 30
(0 71 41) 18 20-04
FAX (0 71 41) 18 64-34
www.schloss-ludwigsburg.de
www.blueba.de
Mitte März–1. Nov. 10–18.30 Uhr,
2. Nov.–Mitte März 10–12 und 13–16 Uhr
Restaurant Parkcafé, Caféteria am Rosengarten
! Schlossgärten: Jagdschloss Favorite (18. Jh.), Emichsburg (18./19. Jh.), Märchengarten, Nördlicher Garten (»Blühendes Barock«), Ostgarten, Seeschloss Monrepos (18. Jh.), Südlicher Garten, Schlossfestspiele

TOP TEN

1 Altes Corps de Logis (Fürstenbau)
2 Neues Corps de Logis (Fürstentrakt)
3 Ehrenhof
4 Ordensbau
5 Festinbau
6 Ordenskapelle
7 Jagdpavillon
8 Riesenbau
9 Theaterbau
10 Schlosskirche
11 Spielpavillon

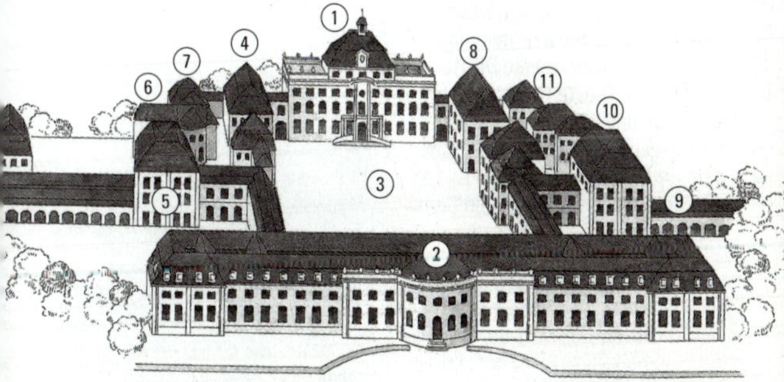

Schloss Meersburg

Älteste bewohnte Burg Deutschlands: »Das alte Schloss« am »Schwäbischen Meer«

Am Ufer des Bodensees oberhalb des mittelalterlichen Städtchens Meersburg erhebt sich das gleichnamige Alte Schloss mit seinem mittelalterlichen Dagobertsturm. Er bekrönt die von vier mächtigen runden Ecktürmen eingefasste Anlage. Die noch heute bewohnte Burg zeigt in einem umfangreichen Museumsrundgang durch Dürnitz, Palas, Rittersaal, Waffenhalle, Burgverlies und Wehrgänge die ganze Welt des Mittelalters. In den altehrwürdigen Gemäuern verbrachte die Dichterin Annette von Droste-Hülshoff, Schwägerin des damaligen Besitzers, ihre letzten Lebensjahre (1841–48). Mit dem Gedicht »Das alte Schloss« hat sie dem Bauwerk und sich ein Denkmal gesetzt.

! **Birnau:** Wallfahrtskirche (18. Jh.), **Konstanz:** Münster (8.–17. Jh.), **Mainau:** Park und Schloss (18. Jh.), **Meersburg:** Altstadt, Neues Schloss, Zeppelinmuseum, **Reichenau:** Kloster (8.–15. Jh.)

Bodensee, Oberschwäb. Barockstraße

D-88709 Meersburg
Schlossplatz 10,
Burg Meersburg - Altes Schloss

(0 75 32) 80 00-0

FAX (0 75 32) 80 00-88

www.burg-meersburg.de
www.meersburg.de

März–Okt. 9–18.30 Uhr,
Nov.–Feb. 10–18 Uhr

Burgcafé

! Konzerte (Juli–Sept): Musik aus dem Mittelalter und der Renaissance auf historischen Instrumenten

Zeittafel

7. Jh. Erste Burg für Merowingerkönig Dagobert I.

13. Jh. Sitz von Konradin von Hohenstaufen

ab 1268 Sommerresidenz der Fürstbischöfe von Konstanz

16. Jh. Um- und Ausbau mit vier Rundtürmen zur Residenz der Fürstbischöfe von Konstanz

ab 1838 Erwerb und Restaurierung durch Freiherr Joseph von Laßberg

Schloss Rastatt

Glanzvolles Versailles der badischen Markgrafen: Erstes deutsches Schloss im »französischen Stil«

D-76437 Rastatt
Herrenstr. 18
(0 72 22) 97 83 85
FAX (0 72 22) 97 83 92
www.schloesser-und-gaerten.de
April–Okt. Di–So 10–17 Uhr
Nov.–März Di–So 10–16 Uhr
Parkrestaurant, Schlosscafé
Schlossführungen, Freiheitsmuseum, Wehrgeschichtliches Museum, Pagodenburg (18. Jh.), Schlossgarten

Als herrschaftliches Gesamtkunstwerk präsentiert sich die dreigliedrige Einheit aus Schloss, Park und Stadt über der weiten Rheinebene. Mit seiner 230 Meter breiten, westlich zum nahe gelegenen Frankreich ausgerichteten Schaufassade unterstreicht das Schloss die Huldigung des französischen Königs Ludwig XIV. und seiner Residenz Versailles, dem die Anlage als erstem Bau auf deutschem Boden nachempfunden ist. In klarer Ordnung und strenger Symmetrie ihrer ausladenden stadtseitigen Fassadenfront umschließt die mächtige Dreiflügelanlage einen riesigen, von Skulpturen geschmückten Balustraden eingerahmten Ehrenhof. Der Komplex gilt heute als einzigartiges Beispiel einer Barockresidenz des frühen 18. Jh.

Baden-Baden: Kurhaus (19. Jh.), **Neues Schloss** (15./16. Jh.), **Stiftskirche** (14. Jh.), **Kuppenheim**: Lustschloss Favorite (18. Jh.), **Rastatt**: Stadtkirche (18. Jh.)
Schwarzwald, Badische Spargelstraße

Zeittafel

1700–07 Residenz für Markgraf Ludwig Wilhelm I. von Baden-Baden durch Domenico Egidio Rossi

1707–62 Ausbau für Markgräfin Sibylla Augusta und Markgraf Ludwig Georg von Baden-Baden durch Johann Michael Ludwig Rohrer und Franz Ignaz Krohmer

Schloss Schwetzingen

Sommerfrische vor grandioser Parkkulisse: Eine Symbiose aus zwei Gartenkonzepten

Unweit ihrer Mannheimer Residenz ließen die Kurfürsten von der Pfalz das ehemalige Jagdschloss zur bequemen Sommerresidenz mit prachtvollem Schlosspark als Höhepunkt barocker Gartenkunst ausbauen. Das vorgelagerte Rondell mit zentral gelegener Arionfontäne ist halbseitig von Zirkelbauten eingefasst. Der anschließende Park mit Rokokotheater, Orangerie, Badhaus, Tempel, Moschee, Wasserspielen und künstlichen Ruinen ist ein Gesamtkunstwerk von beispielloser Schönheit. Mit der Parkerweiterung schuf Friedrich Ludwig von Sckell einen der ersten englischen Landschaftsgärten in Deutschland nach einem Konzept, das er später auch bei der Anlage des Englischen Gartens in München anwendete.

! **Heidelberg:** Alte Brücke mit Karlstor (18. Jh.), Schloss (15.–17. Jh.), **Lorsch:** Königshalle (8. Jh.), **Mannheim:** Altes Rathaus, Jesuitenkirche, Schloss (alle 18. Jh.)

Odenwald, Badische Spargelstraße

D-68723 Schwetzingen
(0 62 02) 12 88 28
FAX (0 62 02) 12 88 28
www.schloss-schwetzingen.de
www.schloesser-und-gaerten.de
April–Okt. Di–Fr 11–16 Uhr, Sa, So 11–17 Uhr, Nov.–März Fr 11–14 Uhr, Sa, So 11–15 Uhr
Schlosscafé, Schlossrestaurant
! Schwetzinger Festspiele (Mai und Juni), Schlossgarten

Zeittafel

1350 Mittelalterliche Wasserburg für Pfalzgraf Ruprecht

1508–41 Umbau zum Jagdschloss für Kurfürst Ludwig V. von der Pfalz

1711–13 Ausbau zur Dreiflügelanlage für Kurfürst Johann Wilhelm von der Pfalz durch Johann Adam Breunig

1753–77 Ausbau zur barocken Sommerresidenz für Kurfürst Carl Theodor von der Pfalz

1753–99 Parkanlage durch Nicolas de Pigage und Friedrich Ludwig von Sckell

Schloss Solitude

Refugium für Herzog Carl Eugen: Ein Lustschloss für die Einsamkeit

D-70197 Stuttgart
Solitude 1
(07 11) 69 66 99
FAX (07 11) 69 66 99
www.schloesser-magazin.de
April–Okt. Di–So 9–12 und 13.30–17 Uhr, Nov.–März Di–So 10–12 und 13.30–16 Uhr
Schlossrestaurant
! Künstlerakademie

Das früher über eine schnurgerade, 13 Kilometer lange Allee mit der Residenzstadt Ludwigsburg verbundene Schloss Solitude (frz. = »Einsamkeit«) diente Herzog Carl Eugen der privaten Nutzung als Ausgleich zum höfischen Zeremoniell. Hier gründete er mit der »Militair-Academie« die spätere »Hohe-Carls-Schule«, deren berühmtester Schüler Friedrich Schiller wurde. Die inmitten eines weitläufigen Waldgebiets reizvoll am Hang gelegene eingeschossige Anlage gilt zusammen mit den beiden Flügelbauten und den Kavaliershäusern als einzigartiges Ensemble des süddeutschen Rokoko. Die Festsäle bergen eine kostbare Ausstattung des späten Rokoko und frühen Klassizismus. Leider sind die ehemaligen Gartenanlagen nicht mehr erhalten.

! **Bad Cannstatt:** Wilhelmina (19. Jh.), **Stuttgart:** Schillerplatz mit Stiftskirche und Altem Schloss (alle 16. Jh.), Schlossplatz mit Neuem Schloss und Königsbau (alle 19. Jh.), Neue Staatsgalerie (20. Jh.)

Zeittafel

1763–69 Bau für Herzog Carl Eugen von Württemberg durch Johann Friedrich Weyhing und Philippe de La Guêpières

BADEN-WÜRTTEMBERG

Schloss Johannisburg

Majestätischer Zweitsitz der Mainzer Kurfürsten: Die Krönung der deutschen Spätrenaissance

BAYERN

Malerisch an einer Flussbiegung über dem rechten Mainufer erhebt sich der wuchtige rote Sandsteinbau als einer der imposantesten Bauten der deutschen Spätrenaissance. Eine massive Sockelmauer umfasst die gewaltige dreigeschossige Vierflügelanlage, die von vier je 52 Meter hohen markanten Ecktürmen beherrscht wird. Allein der alte Bergfried der einstigen Burg setzt in der vollendeten Symmetrie der Anlage einen eigenwilligen Akzent. In den fürstlichen Wohnräumen befindet sich die zweitgrößte bayerische Staatsgemäldesammlung mit berühmten europäischen Gemälden vom 15. bis 18. Jh. Eine besondere Attraktion ist die weltweit größte historische Korkmodellsammlung antiker römischer Bauten.

! Aschaffenburg: Altstadt, Schlossgarten mit Pompejanum (19. Jh.), Schloss Schönbusch (18. Jh.), Stiftskirche (12./13. Jh.), **Seligenstadt:** Einhards-Basilika (9.–13. Jh.)
Bayer. Spessart, Spessart-Höhenstraße

D-63739 Aschaffenburg,
Schloss- und Gartenverwaltung
Schlossplatz 4
(0 60 21) 3 86 57-0
FAX (0 60 21) 3 86 57-16
www.schloesser.bayern.de
April–Sept. Di–So 9–18 Uhr
Okt.–März Di–So 10–16 Uhr
Schlossweinstuben
! Bayerische Staatsgemäldesammlung, Städtisches Schlossmuseum, Sammlung römischer Bauten als Korkmodelle, Schlosskirche, Schlossgarten mit Pompejanum und Freiheitstempel

Zeittafel

ab 13. Jh. Sitz der Erzbischöfe von Mainz

1605–14 Aus- und Umbau zum Renaissanceschloss für Johann Schweickard von Kronberg, Kurfürst von Mainz, durch Georg Ridinger

18. Jh. Klassizistische Umgestaltung der Inneneinrichtung für Friedrich Carl Joseph von Erthal, Kurfürst von Mainz, durch Emanuel Joseph von Herigoyen

Eremitage

Höfische Kunst und wilde Natur in Traumgestalt: Die Einsiedelei als Verklärung der Markgräfin

D-95448 Bayreuth,
Schloss- und Gartenverwaltung
(09 21) 7 59 69-37
FAX (09 21) 7 59 69-41
www.bayreuth.de
www.schloesser.bayern.de
April–15. Okt. 9–18 Uhr,
Hotel-Restaurant Orangerie,
Café Orangerie
! Altes Schloss: chinesisches Spiegelkabinett, Garten mit Wasserspielen

Zeittafel

1715–18 Errichtung des Alten Schlosses unter Markgraf Georg Wilhem von Bayreuth durch Johann David Räntz

ab 1735 Umbau und Erweiterung zum Lustschloss für Prinzessin Wilhelmine, Gemahlin des Markgrafen Friedrich von Brandenburg-Bayreuth

1749–53 Bau des Neuen Schlosses durch Joseph Saint-Pierre und Carl Phillip von Gontard

Die Eremitage (frz. = »Einsiedelei«) gehört dank der originellen Abwandlung des französischen Rocaillewerks zum »Bayreuther Rokoko« zu den bemerkenswertesten Schlossanlagen Europas. Als Geschenk für seine Gemahlin Wilhelmine ließ der Markgraf das Alte Schloss samt Parkanlage mit Grotten, Kaskaden und Ruinentheater umbauen. Den Namen »Eremitage« erhielt die Anlage durch die Errichtung von sieben Einsiedeleien, in denen die Hofgesellschaft das Eremitenleben nachempfinden wollte. Das im Halbkreis angelegte Neue Schloss Eremitage besteht aus einem vom Apoll mit Sonnenwagen bekrönten »Sonnentempel« und zwei flankierenden Zirkelbauten. Bergkristall und farbiger Glasfluss überziehen die Außenfront.

! **Bayreuth**: Opernhaus (18. Jh.), Festspielhaus (19. Jh.), Neues Schloss (18. Jh.), Villa Wahnfried (19. Jh.), **Eckersdorf**: Schloss Fantaisie, **Wonsees**: Sanspareil (18. Jh.), Fichtelgebirge, Fränkische Schweiz

Burg Burghausen

Über einen Kilometer mittelalterliche Gemäuer: Die längste Burganlage Europas

BAYERN

Auf einem strategisch günstig von zwei Seiten von Wasser umflossenen Bergrücken erhebt sich malerisch über der gleichnamigen Stadt die gewaltige Wehranlage. Die nahezu endlose Folge von Burgtürmen, Burghäusern und Burgmauern gliedert sich in zwei Komplexe: der Hauptburg mit Palas, Dürnitz, Innerer Burgkapelle und Kemenate aus der Zeit der Gotik und Frührenaissance sowie der Vorburg mit fünf weiteren hintereinander gestaffelten Burghöfen. Der Ausbau zum imposanten Bollwerk sollte das Herzogtum nach dem Fall von Konstantinopel gegen die Gefahr türkischer Truppen schützen: 1533 befanden sich 185 Geschütze auf den Mauern der Anlage, die jedoch nie zum Einsatz kamen.

! **Burghausen:** Altstadt, Palais Tauffkirchen (18. Jh.), Kurfürstliches Regierungsgebäude (16. Jh.), **Marienberg:** Wallfahrtskirche (18. Jh.), **Raitenhaslach:** Abtei (12. Jh.)
Bayerischer Wald, Innviertel mit Barockstraße

D-84489 Burghausen,
Burg zu Burghausen, Burg Nr. 48
(0 86 77) 46 59
FAX (0 86 77) 6 56 74
www.burghausen.de
www.schloesser.bayern.de
April–Sept. 9–18 Uhr,
Okt.–März 10–16 Uhr
Burgcafé
! Obergeschoss des Palas: eingerichtete Wohnräume und Gemäldegalerie der Bayerischen Staatsgemäldesammlung (spätgotische Tafelbilder), Kemenate: Historisches Stadtmuseum, Städtisches Fotomuseum, Foltermuseum, Historisches Burgfest (2. Wochenende im Juli)

Zeittafel

1090 Befestigter Königshof unter Aribonen-Graf Sighard X.

1255 Nach Teilung Bayerns neben Landshut zweite Residenz der Herzöge von Niederbayern und Baubeginn der neuen Burg als Grenzbollwerk gegen Salzburg und Passau unter Herzog Heinrich XIII. von Niederbayern

1479–1503 Spätgotischer Ausbau zur Festung unter Herzog Georg dem Reichen

17./18. Jh. Weiterer Ausbau

Veste Coburg

Großartige »Krone Frankens«: Die Veste Sachsen-Coburgs

D 96450 Coburg
(0 95 61) 8 79-0
FAX (0 95 61) 8 79-66
www.coburg.de
April–Okt. Di–So 10–17 Uhr, Nov.–März Di–So 13–16 Uhr
Burgschänke, Hotel Festungshof
! Kunstsammlungen: Grafik-, Glas-, Kutschen-, Waffen- und Gemäldesammlung altdeutscher Meister

Zeittafel

1225 Erste Burg für die Grafen von Henneberg

um 1500 Ausbau für Kurfürst Friedrich den Weisen

ab 1604 Ausbau zur Festung für Herzog Johann Casimir von Sachsen-Coburg

ab 1838 Neugotische Umgestaltung unter Herzog Ernst I. von Sachsen-Coburg und Gotha

1906–24 Romanischer Rückbau der Veste unter Herzog Carl Eduard von Sachsen-Coburg und Gotha

Am Südhang des Thüringer Waldes liegt die majestätische Burganlage auf einem Höhenzug knapp 500 Meter über dem Flüsschen Itz. Aufgrund ihrer monumentalen Größe und einem dreifachen Mauerring gilt sie als eine der gewaltigsten Festungsanlagen Deutschlands. Über dem äußeren Festungsring befindet sich die Hauptburg. Ihre aus verschiedenen Bauphasen stammenden Gebäude umschließen verschiedene Innenhöfe. 1530 hielt sich hier der geächtete Reformator Martin Luther auf, während auf dem Augsburger Reichstag über seine Thesen befunden wurde. Ein zeitgenössisches Lutherporträt des damals auf der Burg wirkenden Hofmalers Lucas Cranach d. Ä. hängt in dem Raum, in dem er damals lebte.

! **Banz:** Kloster (11–18. Jh.), **Coburg:** Altstadt mit Rathaus (16. Jh.), Moritzkirche (14.–16. Jh.), Schloss Ehrenburg (19. Jh.), **Vierzehnheiligen:** Wallfahrtskirche (18. Jh.)
Thüringer Wald, Fränkische Schweiz

BAYERN

Schloss Linderhof

»Königliche Villa« im einsamen Bergtal: Ein Refugium für den menschenscheuen König

BAYERN

Ludwig II. verwandelte den von seinem Vater als Jagdhütte genutzten Hof, der inmitten des urwüchsigen Ammergebirges liegt, in den Jahren 1874 bis 1878 in ein einzigartiges Märchenschloss nach Vorbild des »Petit Trianon« im Park von Versailles. Umgeben von einer weitläufigen historistischen Parkanlage mit Wasserspielen, »maurischem Kiosk« und Venusgrotte liegt das fürstliche Meisterwerk, das verschiedene Elemente italienischer Hochrenaissance und deutscher Barock- und Rokokobauten vereint. Hinter der prachtvollen Fassade, mit Säulen und Pilastern gegliedert und einer dem Dresdner Zwinger nachempfundenen Atlasfigur bekrönt, dokumentieren die reich ausgestatteten Zimmer die fantastischen Träumereien des Königs.

! **Altenstadt:** Michaelskirche (12. Jh), **Ettal:** Kloster (14.–18. Jh.), **Oberammergau:** Pilatushaus, **Rottenbuch:** Stiftskirche, **Steingaden:** Wieskirche (alle 18. Jh.)
Ammergebirge, Deutsche Alpenstraße

D-82488 Ettal, Schloss- und Gartenverwaltung Linderhof 12
(0 88 22) 92 03-0
FAX (0 88 22) 92 03-11
www.linderhof.de, www.schloesser-bayern.de
April–Sept. 9–18 Uhr, Okt.–März 10–16 Uhr
Schlosshotel mit Stehimbiss
! Park: Schwanenweiher, Venusgrotte, Marokkanisches Haus, Maurischer Kiosk, Hundinghütte, Einsiedelei des Gurnemanz

Zeittafel

1850 Kauf des Hofes der Familie Linder von König Maximilian II. von Bayern zur Nutzung als Jagdhütte

1874–78 Neubau im Stil des Rokoko für König Ludwig II. von Bayern durch Georg Dollmann

Schloss Herrenchiemsee

Verklärtes Sinnbild des Absolutismus: Das Versailles des »Märchenkönigs«

✉ D-83209 Herrenchiemsee, Schloss- und Gartenverwaltung
☎ (0 80 51) 68 87-0
FAX (0 80 51) 68 87-99
www.herren-chiemsee.de
www.schloesser-bayern.de
www.schlosshotel-herrenchiemsee.com
April–3. Okt. 9–18 Uhr,
4. Okt.–31. Okt. 9.40–17 Uhr,
Nov.–März 9.40–16 Uhr
Schlosscafé im Neuen Schloss Herrenchiemsee
! Südflügel: König-Ludwig-II.-Museum, Schlosspark: Wasserspiele, Augustiner Chorherrenstift: Museum bayerischer Geschichte, Exter Gemäldegalerie

Zeittafel

1873 Kauf der Herreninsel durch König Ludwig II. von Bayern

1878–85 Bau des Schlosses durch Georg Dollmann und Julius Hofmann

Nach dem Verlust bayerischer Souveränität durch die Ausrufung des Kaiserreiches 1871 wollte Ludwig II. inmitten der paradiesischen Einsamkeit des »bayerischen Meers« mit »seinem Versailles« sein verklärtes Bild vom idealen Königtum verwirklichen. Hinter einer prächtigen Fassade entstand mit großartigen Vertäfelungen, Stuckmarmorverkleidungen, Skulpturen und kostbaren Möbeln ein leicht verändertes, mangels finanzieller Mittel aber letztlich unvollendetes Abbild des französischen Originals als Huldigungsstätte für den französischen König und bayerischer Gegenentwurf zur preußischen Propaganda vom »Erzfeind«. Die Spiegelgalerie übertrifft das französische Vorbild sogar in seiner Höhen- und Längenausdehnung.

! **Fraueninsel:** Benediktinerinnenkloster (8.–15. Jh.), Karolingische Torhalle (9. Jh.), **Seeon:** Benediktinerkloster (10.–12. Jh.)
Chiemsee, Nationalpark Berchtesgaden, Deutsche Alpenstraße

Schloss Neuschwanstein

Königstraum vor grandioser Naturkulisse: Das romantische Märchenschloss Ludwigs II.

BAYERN

Spektakulär auf einem zerklüfteten Felsen hoch über der Pöllatschlucht und dem Alpsee ließ der bayerische König Ludwig II. sein Märchenschloss »im echten Styl der alten deutschen Ritterburgen« errichten. Als erstes von drei prunkvollen Schlössern, die mit viel Aufwand und Ideenreichtum ihre großartigen Vorbilder noch übertreffen sollten, erfüllte sich hier der von den Opern Richard Wagners beflügelte König seinen Traum: Der Bau sollte »Reminiscenzen aus Tannhäuser und Lohengrien« enthalten. Somit auch geschichtlich von der Wartburg inspiriert, entstand mit unzähligen Türmchen und Erkern, Zinnen und Giebeln aus hellem Kalkstein ein malerisches historistisches Kunstprodukt, das ursprünglich aus fünf Gebäuden bestehen sollte: dem Torbau, dem Ritterbau, der Kemenate, dem Königsbau (Palas) und als Kernstück der Anlage dem Bergfried mit Burgkapelle. Nach 17-jähriger Bauzeit wurde infolge des frühen Todes Ludwigs II. die Arbeit eingestellt. Der Grundriss der unausgeführt gebliebenen Burgkapelle, über der sich der gewaltige Bergfried erheben sollte, ist im Burghof zu sehen. Von den Innenräumen waren im Palas nur das Erdgeschoss (Küche und Nebenräume), das dritte Obergeschoss (Königswohnung und Thronsaal)

Zeittafel

12. Jh. Burg Vorderhohenschwangau auf dem schmalen Höhenrücken über der Pöllatschlucht für die Herren von Schwangau

1869–86 Neubau für König Ludwig II. von Bayern durch Eduard Riedl, Georg Dollmann und Julius Hofmann nach Plänen des Münchner Theatermalers Christian Jank sowie das vierte Obergeschoss (Sängersaal) vollständig fertig gestellt. Die reich mit kunsthandwerklichen Arbeiten geschmückten Räume zeigen immer wieder Szenen und Zitate aus der Sagenwelt des Mittelalters: Die künstliche Tropfsteinhöhle mit angrenzendem Wintergarten erinnert an die Tannhäuser-Sage, die Ausstattung des Wohnzimmers stellt Szenen aus dem Lohengrin dar. Der Sängersaal zitiert die Wagner-Oper »Tannhäuser«, die den legendären Sängerwettstreit Anfang des 13. Jh. auf der Wartburg behandelt.

Nur 170 Tage lebte Ludwig II. auf Neuschwanstein. Am 10. Juni 1886 erhielt er dort die Nachricht von seiner Absetzung. Drei Tage später fand er im Starnberger See den Tod.

! **Schwangau:** Schloss Hohenschwangau (16.–19. Jh.), **Füssen:** Altstadt, Kloster (9.–18. Jh.), Schloss (13.–16. Jh.), Stadtbefestigung, **Steingaden:** Wieskirche (18. Jh.)
Allgäuer Alpen, Romantische Straße

D-87645 Hohenschwangau,
Schlossverwaltung
Neuschwansteinstr. 20
(0 83 62) 93 988-0
FAX (0 83 62) 93 988-79
www.neuschwanstein.de
www.schloesser-bayern.de
www.schlossneuschwanstein.com
April–Sept. 9–18 Uhr, Do bis 20 Uhr, Okt.–März 10–16 Uhr
Schlosswirtschaft
! Musical Theater Neuschwanstein, Schlossblick von der Marienbrücke über der Pöllatschlucht

1 Torbau
2 Ritterbau
3 Kemenate
4 Königsbau (Palas)
5 Burghof
6 Treppentürme des Torbaus
7 Viereckturm
8 Nördlicher Treppenturm
9 Südlicher Treppenturm

TOP TEN

Plassenburg

Mächtige Schlossburg der Markgrafen: Eine bedeutende Schöpfung der Renaissance

BAYERN

Die hoch über der Altstadt gelegene Plassenburg gilt als eine der mächtigsten Befestigungsanlagen Deutschlands. Eindrucksvoll verbindet sie die Doppelfunktion einer trutzigen Landesfestung und einer glanzvollen Residenz. Durch den Umbau der kriegszerstörten Burg im 16. Jh. erhielt die vierflügelige Anlage mit dem »Schönen Hof« eine der großartigsten Schöpfungen der deutschen Renaissance: Den imposanten Arkadenhof schmücken großartige Bildhauerarbeiten. Mit der »Hohen Bastei« wurde die Anlage festungsartig ausgebaut. Im Ostflügel zeigen die Markgrafen- und Fürstenzimmer in fürstlichem Ambiente Dokumente zur Bau- und markgräflichen Geschichte.

! **Burgkunstadt:** Altstadt, **Kronach:** Festung Rosenberg (12. Jh.), **Kulmbach:** Bayerisches Brauereimuseum, Rathaus (18. Jh.), **Wonsees:** Felsengarten Sanspareil (18. Jh.), **Thurnau:** Altstadt mit Schloss (13.–18. Jh.)
Fränkische Schweiz, Frankenwald

D-95326 Kulmbach
(0 92 21) 82 20-0
FAX (0 92 21) 82 20-26
www.stadt-kulmbach.de
www.schloesser.bayern.de
April–Sept. 9–18 Uhr,
Okt.–März 10–16 Uhr
Burgschänke und Café im Schönen Hof
! Armeemuseum »Friedrich der Große«, Deutsches Zinnfigurenmuseum mit über 300 000 Figuren in über 220 Dioramen, Museum Hohenzollern in Franken, Landschaftsmuseum Obermain

Zeittafel

1135 Erste Burg der Grafen von Dießen-Andechs

1340 Burg kommt in Besitz des Burggrafen von Nürnberg

ab 1530 Ausbau zur Landesfestung im Stil der Renaissance für Georg Friedrich von Ansbach, Markgraf von Brandenburg-Kulmbach, durch Caspar Vischer

1608 Vollendung der Festungsanlagen mit der Fertigstellung der »Hohen Bastei«

Schloss Mespelbrunn

Kulisse für »Das Wirtshaus im Spessart«: Das schönste Wasserschloss Deutschlands

D-63875 Mespelbrunn
(0 60 92) 2 69
FAX (0 60 92) 99 59 79
www.schlossmespelbrunn.de
Palmsonntag–Allerheiligen
Mo–Sa 9–12 Uhr und 13–17 Uhr,
So und feiertags 9–17 Uhr
Café Pferdestall am Schloss
! Im Sommer finden auf der Schlossanlage kulturelle Veranstaltungen statt

Wildromantisch im dunklen Wald des sagenumwobenen Spessarts gelegen, gilt die kleine Renaissanceanlage als schönstes Wasserschloss Deutschlands. Die sich märchenhaft aus einem stillen See erhebende Anlage wird von einem wuchtigen Rundturm dominiert, den die feinen, mit Treppengiebeln verzierten Wohn- und Wirtschaftsgebäude flankieren. Ein hinter dem Torbogen gelegener Innenhof führt zu Rittersaal und Hauskapelle. Hier wurde 1958 der Film »Das Wirtshaus im Spessart« nach der gleichnamigen Erzählung von Wilhelm Hauff gedreht, die von berüchtigten Räuberbanden, die im Wald einst ihr Unwesen trieben, berichtet. Noch heute ist das Schloss in Familienbesitz.

! **Aschaffenburg:** Schloss Johannisburg (13.–17. Jh.), **Hessenthal:** Gnadenkapelle (13. Jh.), **Miltenberg:** Altstadt, Miltenburg (13. Jh.), **Wertheim:** Burg (12. Jh.)
Spessart, Maintal, Spessart-Höhenstraße

Zeittafel

1419 Erste Burg als fränkisches »Weiherhaus« für Hamann Echter I. von und zu Mespelbrunn

1427–34 Um- und Ausbau zum Burgschloss mit hohem Rundturm von Hamann Echter II. von und zu Mespelbrunn

1551–69 Umbau zum Renaissanceschloss für Peter Echter III. von und zu Mespelbrunn

ab 1665 Ergänzungen durch die neuen Besitzer, Grafen von Ingelheim

Schloss Nymphenburg

Einer der größten Palastbauten Europas: Landsitz und Nebenresidenz der Wittelsbacher

BAYERN

Die weitläufige, der Göttin Flora und ihren Nymphen geweihte spätbarocke Sommerresidenz liegt inmitten eines großflächigen Landschaftsparks mit reizvollen Parkschlösschen und herrlichen Wasserkünsten. Kernstück der Anlage ist der im Stil einer italienischen Villa gebaute und aufwendig gegliederte Mittelbau, der gemeinsam mit den kubischen Baukörpern der benachbarten Pavillons und den stadtseitig im Halbrund errichteten Zirkelbauten ein Gesamtgefüge vollendeter Harmonie beschreibt. In seinem Inneren befinden sich prachtvoll ausgestattete Räume, so der »Steinerne Saal«, ein mehrgeschossiger Rokoko-Ballsaal von Johann Baptist Zimmermann.

! **München**: Deutsches Museum, Englischer Garten, Frauenkirche (15./16. Jh.), Königsplatz, Michaelskirche (16. Jh.), Marienplatz, Pinakotheken, Residenz (14.–19. Jh.), **Schleißheim**: Altes (17. Jh.) und Neues Schloss (18. Jh.), Schloss Lustheim (17. Jh.)

D-80638 München,
Schloss- und Gartenverwaltung,
Eingang 1
(089) 1 79 08-0
FAX (089) 1 79 08-627
www.schloesser.bayern.de
April–15. Okt. 9–18 Uhr,
16. Okt.–März 10–16 Uhr
Café im Palmenhaus,
Schlossgaststätte »Zur Schwaige«
! Südflügel (Marstall): Marstallmuseum und Porzellansammlung,
Nordflügel (Orangerie): Museum Mensch und Natur,
Schlosspark: Amalienburg, Badenburg, Magdalenenklause, Pagodenburg (alle 18. Jh.), Botanischer Garten

Zeittafel

1664–75 Italienische Villa für Kurfürstin Henriette Adelaide durch Agostino Barelli

1701–04 Ausbau für Kurfürst Max II. Emanuel durch Giovanni Antonio Viscardi

1714–26 Aus- und Umbau für Kurfürst Max II. Emanuel durch Joseph Effner

1734–39 Bau des Rokoko-Parkschlosses Amalienburg für Kurfürstin Amalie durch François de Cuvilliés

Kaiserburg Nürnberg

»Des Deutschen Reiches Schatzkästlein«: Residenz der deutschen Kaiser und Könige

D-90403 Nürnberg, Burgverwaltung Auf der Burg 13
(09 11) 22 57 26
FAX (09 11) 2 05 91 17
www.schloesser.bayern.de
www.nuernberg.de
April–Sept. 9–18 Uhr, Okt.–März 10–16 Uhr
Einkehrmöglichkeiten in der Stadt
! Kaiserburgmuseum: Baugeschichte und Bedeutung der Kaiserburg

Zeittafel

1050 Bau der Königsburg unter dem salischen König Heinrich III.

1170 Ausbau zur Kaiserpfalz unter dem staufischen Kaiser Friedrich I. Barbarossa

1377 Errichtung des »Luginsland« zur Beobachtung der Burggrafenburg durch die Reichsstadt

15. Jh. Ausbau der Kaiserpfalz unter Kaiser Friedrich III.

1538–45 Umbau der Kaiserburg zur Festung durch Antonio Fazuni Malthese

Wie eine Stadt über der Stadt thront die Kaiserburg, eine gewaltige, aus drei Einzelburgen bestehende Anlage: der mittig gelegenen Burggrafenburg der Hohenzollern, den Reichsstädtischen Bauten im Osten und der eigentlichen Kaiserburg im Westen. Der Komplex war als Kaiserpfalz Ort vieler Reichstage, bei denen die Vertreter der Fürsten und Städte, Bistümer und Stifte zusammentrafen. 1356 verfügte Kaiser Karl IV., dass der erste Reichstag jedes neuen Kaisers in Nürnberg stattfinden sollte, und noch bis 1571 weilten hier alle deutschen Kaiser und Könige. Bedeutendstes Denkmal ist die Doppelkapelle mit dem einstigen Bergfried, der im 12. Jh. in seiner Funktion vom markanten »Sinwellturm« ersetzt wurde.

! Altstadt mit Hauptmarkt und Frauenkirche (14. Jh.), Germanisches Nationalmuseum, Lorenzkirche (13.–15. Jh.), Sebalduskirche (13. Jh.), Stadtbefestigung
Fränkische Schweiz, Burgenstraße

BAYERN

Residenz Würzburg

Hauptwerk des süddeutschen Barock: Das »Schloss über allen Schlössern« am Main

BAYERN

Mit dem Umzug von der mächtigen, oberhalb des linken Mainufers gelegenen mittelalterlichen Festung Marienberg in die prachtvolle Stadtresidenz bezogen die Fürstbischöfe von Würzburg den großartigsten Schlossbau des deutschen Barock. Mit ihm erreichte die fränkische Baukunst einen Höhepunkt von europäischem Rang. Die Bauherren, im Wesentlichen Mitglieder der Familie von Schönborn, besetzten immer wieder die Throne der geistlichen Fürsten und Kurfürsten an Mosel, Rhein und Main und pflegten europaweit vielfältige Verbindungen. Dadurch erhielt die Familie künstlerische Anregungen aus dem gesamten Raum zwischen Wien, Prag und Paris, Genua, Venedig und Amsterdam. Bei der Planung und Ausführung der Residenz vereinigte sie schließlich die angesehensten internationalen Architekten und Künstler jener Zeit. So wurde der Bau als Ergebnis der großen abendländischen Architekturströmungen im 18. Jh. – der französischen Schlossarchitektur, des Wiener Kaiserbarocks und des oberitalienischen Palast- und Sakralbaus – ein in Europa einzigartiges Gesamtkunstwerk.

Unter der Gesamtleitung von Balthasar Neumann entstand aus einer grundlegenden Planidee das harmonische Gesamtkonzept einer Dreiflügelanlage, die einen Ehrenhof und mehrere Binnenhöfe umschließt.

Zeittafel

1719–44 Barockresidenz für Johann Philipp Franz von Schönborn und Friedrich Carl von Schönborn, Fürstbischöfe von Bamberg und Würzburg, unter der Gesamtleitung von Balthasar Neumann mit Unterstützung des Architekten Johann Lucas von Hildebrandt, Germain Boffrand und Maximilian von Welsch

1732–93 Anlage des Hofgartens

1752/53 Ausschmückung mit Deckenfresken durch Giovanni Battista Tiepolo für Carl Philipp von Greiffenclau, Fürstbischof von Würzburg

Das nach dem Vorbild von Schloss Belvedere in Wien gestaltete Corps de Logis wurde plastisch verfeinert. In seinem Obergeschoss befindet sich als Zentrum der Raumfolge von 300 Zimmern und fünf Sälen der prächtige Kaisersaal. Absoluter Höhepunkt der barocken Raumkunst ist das gewaltige, von Balthasar Neumann gebaute Treppenhaus mit seinem kolossalen, von Tiepolo geschaffenen, auf 600 Quadratmetern weltweit größten Deckenfresko, einer Allegorie der vier Erdteile. Gemeinsam mit den bereits ein Jahr früher realisierten Fresken im Kaisersaal gilt es als epochales Hauptwerk der Malerei. Auch die anderen Prunkräume besitzen eine prachtvolle Ausstattung und hochwertige Kunstschätze des 18. Jh. Eine weitere geniale Raumschöpfung Neumanns ist die direkt vom Residenzplatz zugängliche Hofkirche.

Ein Bombenangriff zerstörte am 16. März 1945 weite Teile der Residenz. Allein die von Tiepolo ausgemalten Räume blieben nahezu unversehrt. Der Wiederaufbau wurde 1987 mit der Rekonstruktion des originellen Spiegelkabinetts abgeschlossen.

Veitshöchheim: Schloss (17. Jh.), **Würzburg:** Alte Mainbrücke (15. Jh.), Dom (11./12. Jh.), Festung Marienberg (13.–18. Jh.), Hofgarten, Neumünster (18. Jh.)
Frankenhöhe, Spessart, Steigerwald

D-97070 Würzburg,
Schloss- und Gartenverwaltung
(09 31) 35 51 70
FAX (09 31) 5 19 25
www.wuerzburg.de
www.schloesser.bayern.de
April–Okt. 9–18 Uhr,
Nov.–März 10–16 Uhr
Residenzgaststätte
Martin von Wagner-Museum, Hofgarten

TOP TEN

1 Corps de Logis
2 Kaiserpavillon
3 Ehrenhof
4 Hofkirche
5 Gesandtenbau
6 Hofgarten
7 Residenzplatz

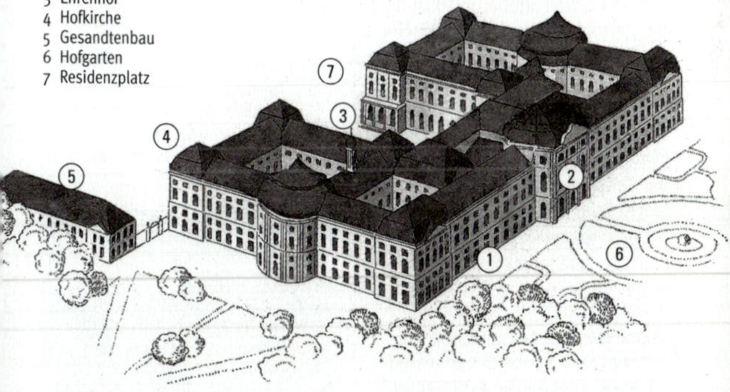

Schloss Charlottenburg

Vom Lustschlösschen zur Königsresidenz: Das prachtvolle Herzstück Preußens in Berlin

BERLIN

Das ehemalige Lustschloss Lietzenburg, ein Juwel im Stil des englischen Neopalladianismus, lag einst in ländlicher Idylle vor den Toren Berlins. Mit dem Ausbau zur repräsentativen Sommerresidenz der preußischen Königsfamilie wurde das Schloss Schauplatz glanzvoller Festlichkeiten. Das in seinem Gesamtaufbau an Klarheit unübertroffene Corps de Logis erhielt seinen den königlichen Rang des Bauherren unterstreichenden herrlichen Kuppelturm. Durch Hinzufügung von zwei Seitentrakten entstand eine Dreiflügelanlage mit großem Ehrenhof, die durch den Anbau der Orangerie mit extrem langer Gartenfassade ergänzt wurde. Mit dem Neuen Flügel im Osten erhielt das Schloss Mitte des 18. Jh. seine heutige Gestalt.

! Brandenburger Tor (18. Jh.), Berliner Dom (19./20. Jh.), Gendarmenmarkt mit Frz. und Dt. Dom (18. Jh.), Reichstag (19./20. Jh.), Unter den Linden, Museumsinsel
Grunewald mit Großem Wannsee

D-13581 Berlin
Spandauer Damm
(03 31) 96 94-202 od. 3 20 91-1
FAX (03 31) 96 94-107 od. 3 20 91-4 00
www.spsg.de
Di–Fr 9–17 Uhr, Sa, So 10–17 Uhr
Kleine Orangerie: Restaurant und Café
! Reiterstandbild des Großen Kurfürsten,
Altes Schloss (Mittelbau): Barockräume mit Porzellankabinett und Schlosskapelle,
Neuer Flügel (Ostflügel): Stiftung Preußischer Kulturbesitz, Friderizianischer Rokoko und preußischer Frühklassizismus,
Langhansbau (Westflügel): Museum für Vor- und Frühgeschichte,
Schlossgarten: Mausoleum, Neuer Pavillon, Belvedere

Zeittafel

1695–99 Errichtung einer Sommerresidenz für Sophie Charlotte, Gemahlin von Kurfürst Friedrich III., seit 1701 König Friedrich I. in Preußen, durch Arnold Nering

1701–13 Ausbau zur Königsresidenz durch Johann Friedrich Eosander

1740–47 Erweiterung für Friedrich II den Großen durch Georg Wenzeslaus von Knobelsdorff

Schloss Branitz

Gartenjuwel in der Niederlausitz: Der exzentrische Wohnsitz Fürst Pücklers

D-03042 Cottbus/Branitz,
Fürst-Pückler-Museum
Kastanienallee 11
(03 55) 75 15-221
FAX (03 55) 75 15-230
www.pueckler-museum.de
April–Okt. 10–18 Uhr,
Nov.–März Di–So 11–17 Uhr
Schlossgaststätte und Terrasse im Kavalierhaus
! Fürst-Pückler-Museum: Ausstellung zum Leben und Werk Fürst Pücklers, Gemälde des Cottbuser Malers Carl Blechen, historische Wohnräume des 19. Jh., Konzerte

Zeittafel

1772 Errichtung der barocken Schlossanlage für Graf August Heinrich von Pückler

ab 1846 Aus- und Umbau für Fürst Hermann von Pückler-Muskau durch Gottfried Semper

1846–88 Anlage des Schlossparks durch Fürst Hermann von Pückler-Muskau

Das Schloss wurde 1845 Wohnsitz des Fürsten Hermann von Pückler-Muskau. Er beauftragte Gottfried Semper mit der Umgestaltung der Innenräume. Danach machte sich der durch seine Weltreisen inspirierte Fürst selbst daran, mit einem 95 Hektar großen Schlosspark ein Meisterwerk deutscher Gartenbaukunst zu schaffen: Die durch Aufschüttungen und künstliche Bewässerungen gestaltete Landschaft verbindet sich mit Architektur und Plastik zu einem Gesamtkunstwerk mit abwechslungsreich konzipierten Szenerien. Glanzstück des extravaganten Fürsten ist die weltweit einzigartige, zur Hälfte im Wasser eines Sees »versunkene« Seepyramide. In ihr wurden der exzentrische Fürst und seine Gemahlin Lucie beigesetzt.

! **Bad Muskau:** Altes Schloss mit Park (19. Jh.), **Cottbus:** Stadtbefestigungen (13. Jh.), Altmarkt, Staatstheater (20. Jh.), **Lübbenau:** Nikolaikirche (18. Jh.),
Biosphärenreservat Spreewald

BRANDENBURG

Schloss Sanssouci

»Ein Lustschloss im königlichen Weinberge«: »Ohne Sorge« im preußischen »Anti-Versailles«

Die Gesamtanlage der Gärten und Schlösser im 287 Hektar großen Park Sanssouci (frz. = »ohne Sorge«) gilt als schönste und meistbesuchte ihrer Art in Deutschland. Erstes Bauwerk war das gleichnamige, oberhalb eines künstlichen Weinbergs angelegte lang gestreckte Rokokoschloss, das von Friedrich dem Großen entworfen und als Sommerresidenz genutzt wurde. In ihm verwirklichte er sein Ideal der vollkommenen Symbiose von Kunst und Natur: als unvergleichliche Stätte der Ruhe, der schönen Natur und der Musen. Da Friedrich sich selbst als ersten Diener des Staates erklärte, nicht als dessen Inkarnation wie der französische König Ludwig XIV., bedurfte es auch keines Bauwerks, das den Anspruch, der Staat zu sein, vor aller Augen demonstriert hätte: Mit Sanssouci errichtete er ein »Anti-Versailles«. Mittelpunkt der dennoch französisch inspirierten, eingeschossigen Anlage ist ein Kuppelbau auf ovalem Grundriss. Er birgt den imposanten Marmorsaal, in dem der König mit auserlesenen Gästen seinen geistigen und musischen Neigungen nachgehen konnte. Die prächtige Gartenfront ziert reicher Skulpturenschmuck mit männlichen und weiblichen Bacchanalienfiguren an den Pfeilern. Neben dem Ostflügel befindet sich – seit der Überführung von der Burg Hohenzollern 1991 – die letzte Ruhestätte des Königs.

Zeittafel

1745–47 Sommerresidenz Sanssouci für König Friedrich II. den Großen von Preußen durch Georg Wenzeslaus von Knobelsdorff

1763–69 Bau des Neuen Palais im Stil des friderizianischen Rokoko durch Johann Gottfried Büring und Carl Philipp von Gontard

ab 1815 Ausbau des Parks

1840–42 Ausbau von Sanssouci für König Friedrich Wilhelm IV. von Preußen durch Ludwig Persius

Das weiträumige Neue Palais, ein dreigeschossiger, imposanter Palast am Ende der zwei Kilometer langen Hauptallee vom Park, ist eines der schönsten Schlösser Deutschlands. Die Dreiflügelanlage mit Ehrenhof wird von einer gewaltigen Mittelkuppel und 428 Skulpturen bekrönt. Nach dem Ende des Siebenjährigen Krieges gegen Schlesien war der Bau ein eindrucksvolles Denkmal für die ungebrochene Macht Preußens. Jenseits des Palais liegen die mit Kuppelaufsatz, Kolonnaden und großen Treppenanlagen versehenen stattlichen Communs, die als Wirtschaftsgebäude und Unterkünfte für die Bediensteten zur Verfügung standen.

Das Chinesische Teehaus inmitten der Parkanlage ist ein Meisterwerk des Rokoko und Musterbeispiel für die von Visionen der Exotik geprägten Chinamode im 18. Jh.

! Neuer Garten, Marmorpalais (18. Jh.), Holländisches Viertel (18. Jh.), Alter Markt mit Nikolaikirche (19. Jh.) und Altem Rathaus (18. Jh.), Schloss Cecilienhof
Westhavelland, Nuthe-Nieplitz

D-14469 Potsdam
An der Orangerie
(03 31) 96 94-202
FAX (03 31) 96 94-107
www.spsg.de
Schloss Sanssouci:
April–Okt. Di–So 9–17 Uhr,
Nov.–März Di–So 9–16 Uhr
Neues Palais:
April–Okt. Sa–Do 9–17 Uhr,
Nov.–März Sa–Do 9–16 Uhr
Kutscherhaus, Restaurant Mövenpick, Restaurant-Café Drachenhaus, Belvedere Klausberg
! Park Sanssouci: Bildergalerie, Chinesisches Teehaus, Communs, Friedenskirche, Lustgarten, Neue Kammern, Orangerie, Schloss Charlottenhof, Römische Bäder

TOP TEN

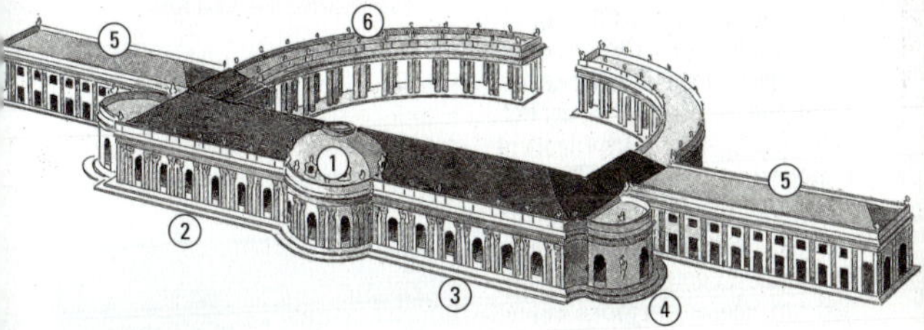

1 Kuppelbau mit Marmorsaal
2 Damenflügel mit Gäste- und Voltairezimmer
3 Ostflügel mit Konzert-, Arbeits- und Schlafzimmer
4 Bibliothek
5 Flügelbauten
6 Kolonnaden

Schloss Rheinsberg

»Musenhof« des preußischen Kronprinzen: Wie aus dem »Bilderbuch für Verliebte«

Am Ufer des Grienericksees steht das Schloss, dem Kurt Tucholsky 1912 mit seinem »Bilderbuch für Verliebte« ein literarisches Denkmal setzte. Durch Umbau und Erweiterung der schlichten Renaissanceanlage zur dreiflügeligen Residenz des preußischen Kronprinzen entstand eine der schönsten Anlagen des »friderizianischen« Rokoko. Der Nordflügel mit seinem Spiegelsaal, dem Ort großer Empfänge und rauschender Feste, wurde zum wichtigsten Teil der Hofhaltung ausgebaut. Nach Friedrichs Thronbesteigung ließ sein Bruder Prinz Heinrich den Schlosspark zu einem der ersten Landschaftsgärten Deutschlands umgestalten. Schloss und Park Rheinsberg gaben wesentliche Impulse für spätere Anlagen in Berlin und Sanssouci.

! **Neuruppin:** Klosterkirche (13. Jh.), **Neustrelitz:** Stadtpark mit Marstall, Hebe- und Louisentempel, Schlosskirche, Rathaus (19. Jh.), **Templin:** Stadtmauer
Müritz-Nationalpark, Feldberger Seen

D-16831 Rheinsberg,
Stiftung Preußische Schlösser und Gärten
(03 39 31) 7 26-0
FAX (03 39 31) 7 26-26
www.spsg.de
April–Okt. Di–So 9.30–17 Uhr,
Nov.–März Di–So 10–16 Uhr
Einkehrmöglichkeiten in der Stadt
! Kurt-Tucholsky-Gedenkstätte, Galerie, Schlosspark mit Salon

Zeittafel

1291 Erste Burg

16. Jh. Wasserschloss im Stil der Renaissance

1734–40 Um- und Erweiterungsbauten zur Rokokoresidenz für Kronprinz Friedrich, der als Friedrich II. der Große König von Preußen wurde, durch Johann Gottfried Kemmeter und Georg Wenzeslaus von Knobelsdorff

Schloss Fasanerie

Sommersitz der Fürstbischöfe von Fulda: Hessens schönstes Barockschloss

- D-36124 Eichenzell b. Fulda
- (06 61) 94 86-0,
- FAX (06 61) 94 86-30
- www.schloss-fasanerie.de
- April–2. Nov. Di–So 10–17 Uhr
- Schlosscafé mit Terrasse, Postenhaus mit Biergarten
- Schlossmuseum mit angeschlossener Antiken- und Porzellansammlung, jährlich wechselnde Sonderausstellungen, großer Schlosspark, Konzerte, internationale Gartenmesse am 1. Wochenende im Juni

Zeittafel

1739–1750 Ausbau des »Alten Schlösschens« zur Sommerresidenz für Amand von Buseck, Fürstbischof von Fulda

1825–27 Umgestaltung eines großen Teils der Innenräume im klassizistischen Stil für Kurfürst Wilhelm II. von Hessen-Kassel

Das Mitte des 18. Jh. mit Türmen, Pavillons und mehreren Höfen zur weitläufigen, streng symmetrischen Anlage ausgebaute Schloss liegt inmitten seines 35 Hektar großen, ursprünglich barocken Parks, der im 19. Jh. im Stil eines englischen Landschaftsgartens umgestaltet wurde. Die komplett eingerichteten Wohnräume und Festsäle mit ihren Stuckdecken und bemalten Plafonds enthalten kostbare Gemälde, Möbel und Kunstgewerbe. Ein Höhepunkt der weitläufigen Barockanlage ist die glanzvolle »Kaisertreppe« mit großer Pilastergliederung und Deckengemälde. Im Erdgeschoss des Nordflügels befindet sich eine Porzellansammlung mit über 2500 Exponaten aus asiatischen und allen großen europäischen Manufakturen.

! **Fulda:** Barockviertel, Stadtschloss (18. Jh.), Dom (18. Jh.) und Dommuseum, Michaelskirche (9. Jh.)

Hessische Rhön, Hessischer Spessart, Hoher Vogelsberg, Deutsche Alleenstraße

Schloss Wilhelmshöhe

Sommerresidenz der deutschen Kaiser: Die unvollendete »Schlacht der Giganten«

HESSEN

Der 350 Hektar große Bergpark mit imposanten künstlichen Wasserfällen, Grotten und Ruinen stellt nur einen Bruchteil dessen dar, was der Landgraf ursprünglich als kolossales Schauspiel aus wilder Natur und Stein gewordener Mythologie geplant hatte. Die zum Park hin ein Halbrund beschreibende dreiflügelige Schlossanlage besitzt im Mittelbau eine monumentale Säulenvorhalle mit Dreiecksgiebel. Die Wasserkünste gipfeln hinter einer gewaltigen Kaskade im »Riesenschloss«, einem achteckigen Pavillon, dessen Pyramidenaufsatz eine Herkulesstatue bekrönt. Oberhalb des Schlosses entstand 1793–98 die Löwenburg als Sinnbild fürstlichen Gottesgnadentums nach Vorbild schottischer Ritterburgen.

! **Kassel:** Brüder-Grimm-Museum, Hessisches Landesmuseum, Karlsaue mit Orangerie (16–18. Jh.), Kunsthalle Fridericianum, **Wilhelmsthal:** Schloss (18. Jh.)
Habichtswald, Meißner-Kaufunger Wald

D-34131 Kassel-Wilhelmshöhe Weißensteinflügel
(05 61) 93 77-7
FAX (05 61) 93 77-666
www.wilhelmshoehe.de
www.museum-kassel.hessen.de
www.schloesser.hessen.de
März–Okt. Di–So 10–17 Uhr
Restaurants in Park und Museum
! Antikensammlung und Gemäldegalerie Alter Meister, Weißensteinflügel, Schlosspark: Löwenburg (18./19. Jh.), Herkulesdenkmal (18. Jh.)

Zeittafel

1606–10 Jagdschloss für Landgraf Moritz von Hessen-Kassel

1701–14 Anlage des Bergparks mit barocken Wasserkünsten am Karlsberg für Landgraf Karl von Hessen-Kassel durch Giovanni Francesco Guerniero

1786–98 Umbau zur klassizistischen Residenz für Landgraf Wilhelm IX., seit 1803 Kurfürst Wilhelm I. von Hessen-Kassel durch Simon Louis Du Ry und Heinrich Christoph Jussow

ab 1829 Ausbau der Verbindungsbauten zwischen Haupt- und Seitenflügeln

ab 1867 Sommerresidenz der preußischen Könige und deutschen Kaiser

Landgrafenschloss Marburg

Wirkungsstätte der hl. Elisabeth von Thüringen: Die Residenz der Landgrafen von Hessen

HESSEN

✉ D-35037 Marburg a. d. Lahn
Schlossstr. 1
☎ (0 64 21) 2 82-58 71
FAX (0 64 21) 2 82-21 66
www.marburg.de, www.uni-marburg.de/zv/news/uni-museum/
⌚ April–Okt. Di–So 10–18 Uhr,
Nov.–März Di–So 11–17 Uhr
Einkehrmöglichkeiten in der Stadt
! Wilhelmsbau: Museum für Kulturgeschichte, Schlosskapelle, Schlosspark

Zeittafel

1138/39 Erste Burg der Landgrafen von Thüringen

1260–70 Ausbau zur frühgotischen Residenz durch die Herzogin von Brabant

15./16. Jh. Um- und Ausbau als Hauptresidenz der Landgrafen von Hessen

17./18. Jh. Ausbau zur Festung

Das auf dem 287 Meter hohen Schlossberg malerisch über Marburg an der Lahn gelegene Landgrafenschloss ist eine der am besten erhaltenen Festungen Hessens. Auf den Fundamenten der mittelalterlichen Burg wurde der zweigeschossige frühgotische Landgrafenbau mit seinem grandiosen Fürstensaal und die 1288 geweihte herrliche Katharinenkapelle errichtet. Der repräsentative Ausbau zur Dreiflügelanlage mit Frauen- und Wilhelmsbau sowie dem großartigen Rittersaal folgte im Stil der Spätgotik bzw. Frührenaissance. Im 18. Jh. wurden Schloss und Stadt mit Bastionen, Kasematten und Außenschanzen zur wehrhaften Festung ausgebaut, die jedoch bereits 1807 auf Befehl Napoleons zerstört wurden.

! **Marburg:** Altstadt mit Markt und Rathaus (16. Jh.), Elisabethkirche (13. Jh.), Universitätsmuseum für Bildende Kunst, **Wetter:** Altstadt mit Stiftskirche (13. Jh.)
Rothaargebirge, Lahn-Ferienstraße

Jagdschloss Granitz

Pittoreske Krone an der Ostsee: Eine romantische »Ritterburg« auf Rügen

Auf dem 107 Meter hohen Tempelberg inmitten des umliegenden Granitzwaldes errichtete der Schinkel-Schüler Johann Gottfried Steinmeyer das spätklassizistische Jagdschloss. Auf nahezu quadratischem Grundriss angelegt, gilt der romantische Schlossbau mit seinen vier runden, zinnenbekrönten Ecktürmen als eindrucksvolles Beispiel der neoromanisch-gotisierenden Schlossarchitektur des 19. Jh. Die Pläne für den imposanten, 38 Meter hohen zentralen Aussichtsturm stammen von Carl Friedrich Schinkel selbst. Eine lediglich auf Konsolen ruhende gusseiserne Wendeltreppe führt zur Plattform. Die Wände und Decken des als Gästehaus genutzten Schlosses wurden aufwendig stuckiert und teilweise gekachelt.

! **Putbus:** Stadtanlage mit Circus, Theater und Schlosspark (19. Jh.), **Stralsund:** Alter Markt mit Rathaus (13. Jh.), Nikolaikirche (13./14. Jh.), Marienkirche (14. Jh.)
Jasmund, Boddenlandschaft, Hiddensee

D-18609 Binz/Rügen
(03 83 93) 22 63
FAX (03 83 93) 2 12 83
www.ruegen.de
Mai–Sept. 9–18 Uhr,
Okt.–April Di–So 10–16 Uhr
Alte Brennerei, Gartenrestaurant
! Historische Salons, Konzerte

Zeittafel

1837–51 Errichtet als Jagdschloss im Auftrag von Fürst Wilhelm Malte I. zu Putbus durch Johann Gottfried Steinmeyer

Schloss Ludwigslust

Ludwigs Lust auf ein Jagdschloss: Eine originelle Schöpfung des Barock

D-19288 Ludwigslust
Schlossfreiheit
(0 38 74) 57 19-0
FAX (0 38 74) 57 19-19
www.stadtludwigslust.de
www.schloss-ludwigslust.de
15. April–15. Okt. Di–So 10–18 Uhr,
16. Okt.–14. April Di–So 10–17 Uhr
Schlosscafé
! Schloss: Goldener Saal und herzogliche Gemächer,
Schlosspark: Mausoleen, Ruinen, Wasserfälle

Zeittafel

1731–35 Barockes Jagdschloss für Herzog Christian II. Ludwig von Mecklenburg-Schwerin

1772–76 Ausbau zur spätbarocken Residenz für Herzog Friedrich den Frommen von Mecklenburg-Schwerin durch Johann Joachim Busch

1852–60 Erweiterung des Schlossparks durch Peter Joseph Lenné auf 170 Hektar

An Stelle des einstigen Jagdschlosses entstand eine E-förmige spätbarocke Residenz, die samt Hofkirche, Wirtschaftsgebäuden und Landschaftsgarten über seine Alleestraßen den ehemaligen Ort Klenow integrierte. Der von einer imposanten Kaskade geprägte Schlossplatz wird durch die einander gegenüberliegenden Anlagen von Schloss und Hofkirche beherrscht. Die mit Kolossalpilastern gegliederte Fassade bekrönen 40 überlebensgroße, die Wissenschaften, Künste und Tugenden verkörpernden Statuen. Einfallsreich verkleideten die Bauherren das Backsteinensemble mit Elbsandstein und dekorierten die Innenräume ebenso kostengünstig wie farbenprächtig mit Pappmaschee, dem so genannten »Ludwigsluster Carton«.

! **Dömitz:** Festung (16. Jh.), **Ludwigslust:** barocke Stadtanlage, **Redefin:** Gestüt, **Schwerin:** Altstadt, Dom (13.–15. Jh.), Rathausplatz, Schloss (16.–19. Jh.)
Naturpark Mecklenburgisches Elbetal

Schloss Schwerin

Ein »Loireschloss« in Mecklenburg: Die Krone des norddeutschen Historismus

Das französische Schloss Chambord an der Loire war Vorbild für die Residenz, die verträumt auf der Burginsel im Schweriner See liegt. Mit ihrer reich gegliederten Fassade, vor allem aber mit ihrer von zahlreichen Rundtürmen, spitzen Turmdächern und variationsreich verzierten Erkern und Kaminen geprägten Dachlandschaft ist die Anlage eine geniale Weiterentwicklung des Hauptwerks der Renaissance in Frankreich. Die Schlosskapelle ist noch im Original vom Vorgängerbau aus dem 16. Jh. erhalten. Prächtigster Innenraum ist der Thronsaal mit dem 1750 geschaffenen Thronsessel aus vergoldetem Lindenholz. Gegenüber der Burginsel liegt der herrliche Barockgarten mit doppelarmigem Kreuzkanal.

! **Schwerin:** Dom (13.–15. Jh.), Markt mit Rathaus (14–19. Jh.), Alter Garten mit Staatlichem Museum und Staatstheater (beide 19. Jh.), **Wismar:** Marktplatz
Lauenburgische Seen, Ostseeküste

D-19053 Schwerin
Lennéstr. 1
(03 85) 5 25 29 20
FAX (03 85) 56 30 91
www.museum-schwerin.de
www.schwerin.de
15. April–14. Okt. Di–So 10–18 Uhr,
15. Okt.–14. April Di–So 10–17 Uhr
Schlosscafé, Orangeriecafé
! Schlossmuseum: Prunkräume des 19. Jh. mit Gemälden, Plastiken, Möbeln, Fayencen, Silberarbeiten, Medaillen, Kunsthandwerk des 16.–19. Jh., Galerie mit ununterbrochener Ahnenfolge der Herzöge von Mecklenburg

Zeittafel

9.–11. Jh. Slawische Burganlage u.a. des Obristenfürsten Niklot

16. Jh. Renaissanceschloss der Herzöge von Mecklenburg

1843–57 Umbau im Stil der Neorenaissance für Großherzog Friedrich Franz II. von Mecklenburg-Schwerin durch Georg Adolph Demmler und Friedrich August Stüler

seit 1990 Sitz des Landtags von Mecklenburg-Vorpommern

Burg Bentheim

Trutzburg an der holländischen Grenze: Die größte Befestigungsanlage Niedersachsens

✉ D-48455 Bad Bentheim, Burgmuseum
☎ (0 59 22) 50 11
FAX (0 59 22) 99 40 56
www.burgbentheim.de
www.muensterland-tourismus.de
März–1. Nov. 10–18 Uhr, Nov., Jan., Feb. Sa und So 10–17 Uhr
Café
! Burgmuseum, Katharinenkirche, Konzerte

Zeittafel

1020 Erste Erwähnung als Besitz Graf Ottos von Northeim

13./14. Jh. Ausbau durch eine Nebenlinie der Grafen von Holland

1883–1914 Neugotischer Um- und Ausbau unter Fürst Alexis zu Bentheim und Steinfurt durch F. A. Nordhoff

Im Barock beliebtes Motiv niederländischer Maler, ragt die imposante Burganlage aus der weiten Ebene des Grenzgebiets empor. Der wehrhafte Komplex besteht aus drei Bauteilen, der Kernburg, der Vorburg und dem Krautgarten. Im Areal der Vorburg steht die gotische Katharinenkirche, über deren Chor sich der romanische Bingelturm erhebt. Am Burgplatz hinter dem barocken Obertor liegen der Marstall, der massige Batterieturm mit seinen Geschützkammern und die neugotische Kronenburg mit ihren Prunkräumen. Über allem thront der 30 Meter hohe Bergfried. Zu seinen Füßen fand man ein Wegekreuz, den berühmten »Herrgott von Bentheim« aus der Zeit um 1100.

! **Ahaus:** Wasserschloss (17. Jh.), Burgsteinfurt: Burg (12. Jh.), **Nordhorn:** Textilmuseum, **Osnabrück:** Altstadt, Dom (13. Jh.), Rathaus (15./16. Jh.)
Naturschutzgebiete Grafschaft Bentheim

Schloss Celle

Welfenschloss mit doppeltem Gesicht: Die Residenz der Herzöge von Braunschweig

NIEDERSACHSEN

Die ehemalige Wasserburg und spätere Schlossanlage wurde Mitte des 16. Jh. im Stil der deutschen Frührenaissance umgebaut, deren eindrucksvolle Leichtigkeit und Klarheit nur noch im Ostflügel erhalten ist: den Baukörper betonende achteckige Ecktürme, die Fassaden gliedernde Horizontalbänder, schlichte Rechteckfenster sowie zahlreiche rundbogige Ziergiebel. Die restlichen Flügel erhielten durch Georg Wilhelm ihre heutige Gestalt und mit dem Theater das älteste heute noch bespielte Schlosstheater Deutschlands. An den spitzbogigen Fenstern des Kapellenturms ist die gotische Hofkapelle zu erkennen, deren Ausstattung als eines der bedeutendsten Zeugnisse der norddeutschen Renaissance gilt.

! Celle: Altstadt, Rathaus (13.–16. Jh.), Stadtkirche (13–17. Jh.), Synagoge, Wietze: Deutsches Erdölmuseum, Wienhausen: Zisterzienserkloster (13./14. Jh.)
Naturpark Südheide, Dt. Fachwerkstraße

D-29221 Celle
Schlossplatz 1
(0 51 41) 1 23 73
FAX (0 51 41) 55 07 15
www.celle.de
April–Okt. Di–So 11–15 Uhr,
Nov.–März Di–So 11–15 Uhr
Einkehrmöglichkeiten in der Stadt
! Schlosspark, Schlosstheater, Bomann-Museum

Zeittafel

1292 Erste Burg unter Herzog Otto dem Strengen von Braunschweig-Lüneburg

15. Jh. Umbau zur vierflügeligen Schlossanlage für Herzog Friedrich dem Frommen

1530–58 Um- und Erweiterungsbauten zum Renaissanceschloss für Herzog Ernst dem Bekenner

1665–80 Ausbau im Barockstil für Herzog Georg Wilhelm durch Lorenzo Bedogni und Giovanni Arighini und Innenausstattung mit Stuckaturen durch Giovanni Battista Tornielli

Schloss Hämelschenburg

Der Höhepunkt der Weserrenaissance: Ein Rittergut und Herrschaftsschloss

D–31860 Emmerthal,
Schlossverwaltung
Schlossstr. 1
(0 51 55) 95 16 90
FAX (0 51 55) 95 16 91
www.haemelschenburg.de
April–Okt. Di–So 10–12 Uhr
und 14–17 Uhr
Café und Biergarten
! Schlossmuseum, Minnegarten, Handwerker laden zum Besuch ihrer Werkstätten ein: Alte Mühle, Schmiede, Forsthaus

Zeittafel

seit 1437 Wohn- und Wirtschaftshof der Familie von Klencke

1563 Bau der Schlosskapelle als ersten protestantischen Kirchenbau in Deutschland für Ludolf von Klencke

1588–1613 Ausbau zum Renaissance-Herrensitz für Jürgen von Klencke durch Cord Tönnis

Als Kleinod norddeutscher Baukunst liegt das Wasserschloss inmitten einer der schönsten Landschaften des Weserberglandes. Ende des 16. Jh. wurde die Anlage oberhalb eines bereits bestehenden Wirtschaftshofes zum dreiflügeligen Wasserschloss ausgebaut. Durch ein großartiges Brückenportal und über eine steil ansteigende Brücke führt der Weg vorbei am schräg gestellten Wohnflügel in den Innenhof des Schlosses. Mit den beiden achteckigen Treppentürmen, dem reichen Fassadendekor und den ornamentierten Giebeln und Zwerchhäusern gilt das Schloss als Perle der Weserrenaissance. Sowohl die umgebenden Wassergräben als auch die Innenausstattung blieben im Originalzustand erhalten.

! **Corvey:** Kloster (9. Jh.), **Hameln:** Rattenfänger-, Hochzeits- und Demptersches Haus (alle 16./17. Jh.), Münster (12./13. Jh.), **Fischbeck:** Stiftskirche (12. Jh.)

Weserbergland, Dt. Fachwerkstraße

NIEDERSACHSEN

Kaiserpfalz Goslar

Lieblingsresidenz der salischen »Reisekaiser«: Eine großartige Pfalz im »nordischen Rom«

Mittelpunkt der Kaiserpfalz, Lieblingsresidenz der permanent von Pfalz zu Pfalz durchs Land reisenden salischen Kaiser und Schauplatz von mehr als 23 Reichstagen, ist der zweigeschossige, mit Arkadenfenstern geschmückte mächtige Palas. Durch die angeschlossene, nach Vorbild der Aachener Pfalzkapelle auf oktogonalem Grundriss errichtete Doppelkapelle St. Ulrich aus der Mitte des 11. Jh. wurde der Ort zugleich ein Zentrum des christlichen Glaubens. Hier befindet sich das Grabmal mit dem Herz Kaiser Heinrichs III. Der im 19. Jh. vollständig rekonstruierte Bau vermittelt trotz teils freier Neuschöpfungen einen hervorragenden Eindruck der romanischen, einst imposantesten Kaiserpfalz Deutschlands.

! **Goslar:** Marktplatz mit historischer Altstadt und Rathaus (15. Jh.), Jakobikirche (11. Jh.), Marktkirche (12.–16. Jh.), **Rammelsberg:** Bergbaumuseum

Naturpark Harz, Dt. Fachwerkstraße

D-38640 Goslar
Kaiserbleek 6

(0 53 21) 3 11 96-93

FAX (0 53 21) 3 11 96-99

www.goslar.de

April–Okt. 10–17 Uhr,
Nov.–März 10–16 Uhr

Einkehrmöglichkeiten in der Stadt

! Reichssaal: Historienbilder schildern bedeutende Ereignisse der deutschen Geschichte

Zeittafel

1005–15 Romanischer Bau der Pfalz für den salischen Kaiser Heinrich II.

1040–50 Ergänzung durch romanischen Saalbau für den salischen Kaiser Heinrich III.

1868–79 Historisierende Rekonstruktion durch die preußische Regierung

Schloss Herrenhausen

Herrliche Schlossanlage ohne Schloss: Die zerstörte Harmonie der Welfenresidenz

D-30419 Hannover
Herrenhäuser Str. 4
(05 11) 16 84 75 76
FAX (05 11) 16 84 73 74
www.herrenhaeuser-gaerten.de
April–Sept. Di–So 10–18 Uhr, Okt.–März Di–So 10–17 Uhr, Regenwaldhaus: 9–20 Uhr
Schlossküche Mövenpick
Herrenhäuser Gärten: Großer Garten (Barock) mit Grotte von Nicki de Saint Phalle, Georgengarten (engl. Landschaftspark), Berggarten (botanischer Garten), Welfengarten Fürstenhaus: Herrenhausen Museum, Georgenpalais: Wilhelm-Busch-Museum

Zeittafel

1665–75 Schloss für die Herzöge von Calenberg durch Lorenzo Bedogni

1676–80 Um- und Ausbau für Sophie von der Pfalz, Gattin des Kurfürsten Ernst August von Hannover

1698–1708 Ausbau zur Sommerresidenz durch Brand Westermann

1666–1841 Anlage der Herrenhäuser Gärten

1720/21 Bau des Fürstenhauses von Georg I. König von England für Louise von Delitz

Die hufeisenförmige barocke Sommerresidenz im Stil venezianischer Landhäuser wurde 1943 durch alliierte Luftangriffe vollständig zerstört. Verschont blieb allein das Galeriegebäude. Dessen einst als Orangerie genutzter zweigeschossiger Mittelbau birgt einen Festsaal mit einem Freskenzyklus zur Äneas-Sage von Thomaso Giusti. Auch die einzigartigen Gärten blieben erhalten: Der Große Garten im Zentrum der 135 Hektar großen, aus vier verschiedenen Anlagen bestehenden Herrenhäuser Gärten gilt mit seinen Wasserspielen und Grotten, allegorischen Figuren und Statuen römischer Gottheiten, Irrgarten und Gartentheater als bestes Beispiel des deutschen Frühbarocks und als einzig unverändert erhaltener Barockgarten Europas.

! Leineschloss (17.–19. Jh.), Marktplatz mit Altem Rathaus und Marktkirche (beide 15. Jh.), Neues Rathaus (20. Jh.), Niedersächsisches Landes-, Sprengel-Museum
Maschsee, Naturpark Steinhuder Meer

Schloss Jever

Friesisch herb, barock beschwingt: Eine Häuptlingsburg an der Nordsee

Die von einem großartigen barocken Helmaufsatz über dem ehemaligen Wehrturm bekrönte Schlossanlage geht auf eine ehemalige Häuptlingsburg aus dem 14. Jh. zurück. Der einstige Wehrbau mit seinem kolossalen Rundturm wurde später auf unregelmäßigem Grundriss zur Vierflügelanlage ausgebaut. Die früher von verschiedenartigen Giebeln belebte Fassade erhielt im 19. Jh. eine einheitlich historisierende Gestaltung. Zu den besonderen Ausstattungsstücken zählen die Kassettendecke aus Eiche im Audienzsaal, ein Meisterwerk niederländischer Renaissance, die barocken Gobelins mit Gartenszenen, die Ledertapeten (um 1700) und die historischen Decken- und Wandmalereien.

! **Jever:** Altstadt mit Rathaus (17. Jh.), Brauereimuseum, Schlachtmühle (19. Jh.), **Sillenstede** und **Tettens:** Kirchen (13. Jh.)
Niedersächsisches Wattenmeer, Helgoland, Jadebusen, Grüne Küstenstraße

D-26441 Jever
Schlossplatz
(0 44 61) 9 69 35-0
FAX (0 44 61) 9 69 35-99
www.schlossmuseum.de,
www.stadt-jever.de
Di–So 10–18 Uhr, Juli und Aug. auch Mo
Café im Eulenturm
! Schlossmuseum: Kulturgeschichte, Volkskunde und Archäologie

Zeittafel

14. Jh. Erste Burg für Häuptling Edo Wiemken d. Ä.

15./16. Jh. Aus- und Umbau zur Residenz für die letzte Häuptlingstochter, Fräulein Maria von Jever

1734–36 Aufsatz des barocken Turmhelms durch J. von Rössing

19. Jh. Historisierender Umbau

Schloss Augustusburg

Prunk und Pracht für den Kölner Kurfürsten: Eine Rokoko-Residenz als Gesamtkunstwerk

D-50321 Brühl,
Schlossverwaltung
Schlossstr. 6

(0 22 32) 4 40 00

FAX (0 22 32) 9 44 31 27

www.schlossbruehl.de

Feb.–Nov. Di–Fr 9–12 Uhr
und 13.30–16 Uhr,
Feb.–Nov. Sa, So 10–17 Uhr

Orangerie und Einkehrmöglichkeiten in der Stadt

! Brühler Schlosskonzerte, Schlosspark mit Jagdschloss Falkenlust (18. Jh.), Themenführungen nach Voranmeldung

Zeittafel

1284 Erste Wasserburg für die Kölner Erzbischöfe

1689 Sprengung der Burg

1725–28 Kurfürstliches Schloss für den Kölner Erzbischof Clemens August von Wittelsbach durch Johann Conrad Schlaun nach Vorbild westfälischer Wasserschlösser

1728–70 Vollendung und Verfeinerung durch François de Cuvilliés und Balthasar Neumann im Stil des Frührokoko

Die Dreiflügelanlage gilt als bedeutendste Schöpfung des Barock im Rheinland. Zusammen mit dem Park und dem durch eine Allee mit ihr verbundenen Jagdschloss Falkenlust bildet sie ein heute noch gern für repräsentative Anlässe genutztes Ensemble. Das prachtvolle Schloss, selbst Ergebnis zeitgenössischer französischer, italienischer und bayerischer Vorbilder, galt vielen deutschen Fürstenhöfen als beispielhaft. Besondere Attraktion ist das weltberühmte Treppenhaus von Balthasar Neumann, dem genialsten Treppenspezialisten des 18. Jh. Ein Deckenfresko zeigt Karl VII., Bruder von Clemens August, als deutschen Kaiser. Der Barockgarten von Dominique Girard wurde im 19. Jh. durch Peter Joseph Lenné umgestaltet und erweitert.

! **Bonn:** Münster (11.–13. Jh.), Museumsmeile, **Brühl:** Max Ernst-Museum, **Köln:** Dom (13–19. Jh.), 12 romanische Kirchen, Museum Ludwig, Wallraf-Richartz-Museum
Naturpark Kottenforst-Ville

Schloss Lembeck

Von der Ritterburg zum Wasserschloss: Die »Inselresidenz« im Münsterland

Die vom Wasser eines großen Teichs umgebene, malerisch auf zwei Inseln gelegene Haupt- und Vorburg der ehemaligen Ritterfeste verdankt ihr reizvolles Aussehen den Umbauten aus der Zeit des Barock. Von der ursprünglich als Vierflügelanlage geplanten Hauptburg sind nur zwei Flügel mit quadratischen Ecktürmen realisiert worden. Die barocke Ausstattung des Schlosses findet im »Großen Saal«, einem Meisterwerk von Johann Conrad Schlaun, Schüler von Balthasar Neumann, seinen Höhepunkt. Dank seiner die Vor- und Hauptburg durch Portale und verschiedene Gebäudeteile konzeptionell mit der Natur verbindenden Weg- und Sichtachse gilt der Bau als originellste Schöpfung der münsterländischen Wasserschlösser.

! **Münster:** Dom (13. Jh.), Erdbrostenhof (18. Jh.), Prinzipalmarkt, Lambertikirche (14./15. Jh.), Rathaus (14. Jh.), Residenzschloss (18. Jh.)

Naturpark Hohe Mark, Hamalandroute

D-46286 Dorsten-Lembeck
(0 23 69) 71 67
FAX (0 23 69) 7 73 91
www.lembeck-online.com, www.muensterland-tourismus.de
März–Okt. 10–17 Uhr
Hotel, Burgkeller, Festsaal-Terrasse
! Konzerte, Schlosskapelle, Heimatmuseum auf dem Dachboden, Schlossgalerie

Zeittafel

13. Jh. Mittelalterliche Turmhügelburg

1670–92 Umbau im Stil der niederländischen Renaissance für Burghard von Westerholt

1726 Barocker Um- und Ausbau durch Johann Conrad Schlaun

1887 Zerstörung des nördlichen Flügels der Vorburg durch Brand

Burg Vischering

Malerischste Rundburg im Münsterland: Ein imposanter Wehrbau aus dem Mittelalter

✉ D-59348 Lüdinghausen
Berenbrock 1
☎ (0 25 91) 79 90-0
FAX (0 25 91) 79 90-28
www.burgvischering.de
www.muensterland-tourismus.de
www.kreis-coesfeld.de

⏲ April–Okt. Di–So 10–12.30 Uhr und 13.30–17.30 Uhr, Nov.–März Di–So 10–12.30 Uhr und 13.30–16.30 Uhr

Café-Restaurant in den historischen Kellerräumen, Biergarten

! Münsterlandmuseum

Zeittafel

1271 Wasserburg für Gerhard von der Mark, Fürstbischof von Münster

1521–52 Um- und Ausbau im Stil der Renaissance für Familie Droste zu Vischering

17. Jh. Anbau einer Auslucht nach niederländischem Vorbild, die als quadratischer Bau in den Graben hinausragt.

Die trutzige, von einem mehrfachen Grabensystem umgebene Burg Vischering gehört zu den schönsten, ältesten und am besten erhaltenen Wasserschlössern Westfalens. Sie steht auf einem Fundament von Tausenden Rammpfählen. Der Wehrcharakter der malerischen Anlage ist noch gut zu erkennen: Die einst nur über eine Zugbrücke von der Vorburg aus erreichbare Hauptburg wurde in Form einer aus markantem Bruchstein errichteten Ringmantelburg gebaut. Sie erhielt im 16. Jh. ihre repräsentativen Renaissancegebäude und den achteckigen, von einer welschen Haube bekrönten Treppenturm. Die Hauptburg beherbergt ein Museum zur Geschichte der Burg mit zahlreichen Modellen, Zeichnungen und Fotografien.

! **Dortmund:** Marienkirche (12. Jh.), Petrikirche (14. Jh.), Propsteikirche (14. Jh.), **Lünen:** Schloss Cappenberg (17.–19. Jh.), **Nordkirchen:** Schloss (18. Jh.)

Naturpark Hohe Mark

Schloss Raesfeld

Schönstes Wasserschloss im Münsterland: Ein Hauptwerk westfälischer Profanarchitektur

NORDRHEIN-WESTFALEN

Als eine der glanzvollsten Residenzen Westfalens wurde die ehemalige Wasserburg mit typischen Dreistaffelgiebeln im Stil der flämischen Renaissance ausgebaut. Die noble Formensprache zeigt sich in der Oberburg mit ihrem gewaltigen, knapp 50 Meter hohen fünfgeschossigen Bergfried, dessen bemerkenswerte, dreifach geschachtelte Dachpyramide mit aufgesetzter Zwiebel an einen Kirchturm erinnert. Die malerische Schlosskapelle, die im Glockengiebel und der dem Portal vorgelagerten Doppelarkade Stilelemente von Renaissance und Barock vereint, besitzt einen kostbaren Barockaltar. Der als »westfälischer Wallenstein« bekannte Bauherr richtete sich im so genannten »Sterndeuterturm« ein Planetarium ein.

! **Bocholt:** Rathaus (17. Jh.), **Borken:** Schloss Gemen (17. Jh.), **Coesfeld:** Lambertikirche (15./16.Jh.), St. Ignatius (17. Jh.), **Nottuln:** Kanonissenstift (9.–18. Jh.)
Naturpark Hohe Mark, Hamaland-Route

D-46348 Raesfeld,
Akademie des Handwerks,
Freiheit 27
(0 28 65) 60 84-0
FAX (0 28 65) 60 84-10
www.raesfeld.de
www.akademie-des-handwerks.de
Führung nur nach Voranmeldung beim Verkehrsverein Raesfeld, Weseler Str. 19, 46348 Raesfeld, (0 28 65) 9 55-127
Schlossrestaurant
! Museum am Schloss, Konzerte

Zeittafel

um 1117 Erste Wasserburg

16. Jh. Umbau für Graf Alexander I. von Vehlen durch Heinrich von Borken

1646–58 Um- und Ausbau für den kaiserlichen Generalfeldmarschall Graf Alexander II. von Vehlen durch Michael von Gent

Burg Trifels

»Wer den Trifels hat, hat das Reich!«: Die »Gralsburg« der Staufer im Pfälzischen Wald

✉ D-76855 Annweiler
☎ (0 63 46) 84 70
FAX (0 63 46) 79 17
www.trifelsland.de

April–Sept. 9–18 Uhr,
Okt.–März 9–17 Uhr,
Dez. geschl.

Einkehrmöglichkeiten in der Stadt

! Rundblick über die Trifelslandschaft und den Pfälzerwald

Zeittafel

1081 Erste Erwähnung als salische Burg

12. Jh. Ausbau zur staufischen Reichsburg durch Kaiser Heinrich V.

12. Jh. Größte Bedeutung unter Kaiser Friedrich I. Barbarossa

1938–42 Rekonstruktion des Palas als »Reichsdenkmal für Repräsentationszwecke« durch die Nationalsozialisten

An der ehemaligen Handelsroute zwischen Metz und dem Rhein liegt hoch auf dem dreifach gespaltenen Fels des Sonnenbergs die staufische Reichsburg Trifels (= drei Felsen). Zusammen mit den benachbarten Burgen Anebos und Scharfenberg bildete sie ein Burgendreieck, das im 12. und 13. Jh. als sicherster Ort des Reiches galt. Kern der Burg ist der mächtige Hauptturm, der zugleich Torturm, Kapellenturm und 1125–98 Tresor der Reichskleinodien (Reichskrone, -zepter, -kreuz, -apfel und -schwert) war: Ihr Besitz allein berechtigte zur Reichsherrschaft. 1193 wurde unter Kaiser Heinrich VI. der englische König Richard Löwenherz auf seiner Rückkehr vom Dritten Kreuzzug gefangen genommen und hier für einige Wochen eingekerkert.

! **Bad Bergzabern:** Gasthaus zum Engel, Schloss (beide 16. Jh.), **Erlenbach:** Burg Berwartstein (12. Jh.), **Landau:** Stiftskirche (14. Jh.), Stadtbefestigung

Pfälzerwald, Dt. Alleen- und Weinstraße

Marksburg

Mächtige Türme, Zwinger und Bastionen: Die einzige unzerstörte Höhenburg am Rhein

RHEINLAND-PFALZ

Die vieltürmige, trutzig und stolz auf einem Schieferfelsen über dem rechten Flussufer gelegene Marksburg hat als einzige Höhenburg am Rhein sämtliche Zeitläufe unversehrt überstanden und gilt deshalb als einmaliges Zeugnis mittelalterlichen Lebens auf einer Burg. Die auf dreieckigem Grundriss über verschiedene Baugruppen gestaffelte geschlossene Anlage verkörpert geradezu exemplarisch den Typ der Gipfelburg mit vier Toren, zwei völlig erhaltenen Zwingermauerkreisen, dem markanten schlanken Bergfried und dem charakteristischen Kapellenturm. Von den beiden Kanonen bewehrten Batterien aus konnten die Handelswege auf dem Rhein wirkungsvoll kontrolliert und gesichert werden.

! **Boppard:** Römerkastell (4. Jh.), Marktplatz, St. Severus (12./13. Jh.), **Koblenz:** Deutsches Eck (19. Jh.), St. Kastor (9.–13. Jh.), Festung Ehrenbreitstein (17.–18. Jh.)
Rheintal, Loreley-Burgenstraße

D-56338 Braubach,
Deutsche Burgenvereinigung e.V.,
Marksburg
(0 26 27) 5 36
FAX (0 26 27) 88 66
www.marksburg.de
www.deutsche-burgen.org
www.burgen-am-rhein.de
Ostern–1. Nov. 10–17 Uhr,
2. Nov.–Ostern 11–16 Uhr
Burgschänke mit Terrassen
! Burgmuseum im Rittersaal, Kemenate, Kapelle, Burgküche, Burgschmiede, Weinkeller, mittelalterlicher Kräutergarten mit 160 Heil- , Nutz-, Gift- und Zauberpflanzen, historische Rüstungssammlung von Bronze- bis frühe Neuzeit

Zeittafel

vor 1117 Erste Burg der Herren von Braubach, später Herren von Eppstein

1231 Erste Erwähnung als »Burg Braubach« der Grafen von Eppstein

ab 1283 Umbau für Pfalzgraf Eberhard II. von Katzenelnbogen

ab 1479 Ausbau durch Bastionen und Batterien für Landgraf Heinrich III. von Hessen

1900 Erwerb und Restaurierung durch die Deutsche Burgenvereinigung

Reichsburg Cochem

Symbole kaiserlicher Macht im Moseltal: Ein Dreiklang aus Berg, Burg und Bergfried

D-56812 Cochem a. d. Mosel
Schlossstr. 36
(0 26 71) 255
FAX (0 26 71) 56 91
www.reichsburg-cochem.de
15. März–Nov. 9–17 Uhr
Burgschänke, »Gasterey nach Art der alten Rittersleut«: rustikales Rittermahl im historischen Gewölbekeller der Burg (Fr 19 Uhr und Sa 18 Uhr)
! Konzerte, Theater, Bergfest

Auf einem markanten Bergkegel rund 100 Meter oberhalb der Mosel erhebt sich die Festung der ehemaligen Pfalzgrafen. In der Stauferzeit zur kaiserlichen Reichsburg erkoren, wurde sie später durch die Erzbischöfe von Trier zur Zollfeste für die Moselschifffahrt ausgebaut: Unterhalb der Burg verankerte man eine Kette zur Absperrung des Flusses, die mit einem Seilzug von der Burg aus bedient werden konnte. Im Pfälzischen Erbfolgekrieg von den Truppen Ludwig XIV. gesprengt, nutzte man sie in der Folge als Steinbruch. Allein der untere Teil des Bergfrieds, Teile des Haupttores und der Hexenturm blieben erhalten. Der Wiederaufbau erfolgte dem romantisch verklärten Zeitgeist des 19. Jh. entsprechend im neugotischen Stil.

! **Beilstein:** Burg Metternich (12. Jh.), **Cochem:** Altstadt mit St. Martin (14. Jh.) und Rathaus (18. Jh.), Stadtbefestigung, **Münstermaifeld:** Burg Eltz (12.–17. Jh.)
Moseltal, Hunsrück, Moselweinstraße

Zeittafel

um 1000 Erste Burg unter Pfalzgraf Ezzo

1151 Umwandlung in eine kaiserliche Reichsburg unter den Staufern

14. Jh. Ausbau der Befestigung von Burg und Stadt unter Erzbischof Balduin von Trier

1689 Sprengung durch französische Truppen

1868–78 Neugotischer Wiederaufbau

Burg Pfalzgrafenstein

Die kuriose, nie zerstörte »Pfalz bei Kaub«: Spektakuläre Zollstation auf einer Insel im Rhein

RHEINLAND-PFALZ

Auf einer Felseninsel mitten im Rhein, nur wenige Kilometer flussaufwärts der legendären Loreley gelegen, erhebt sich die trutzige Burg Pfalzgrafenstein. Gemeinsam mit der oberhalb gelegenen Burg Gutenfels, den Stadtbefestigungen von Kaub und Bacharach sowie der Burg Stahleck war sie einst Teil einer weitläufigen Befestigungsanlage zur Sicherung des Rheinzolls und der Kontrolle des Schiffsverkehrs auf der wichtigen Wasserstraße. Kern der durch eine Ringmauer mit zahlreichen Türmen und Erkern bewehrten Burg ist ein dominanter, sechsgeschossiger und fünfeckiger Mittelturm. Wegen der starken Flussströmung konnte die darin wie ein steinernes Schiff verankerte Pfalz nie erobert werden.

! **Bacharach:** Altstadt, Burg Stahleck (13. Jh.), Stadtbefestigung, **Kaub:** Burg Gutenfels (13. Jh.), **Oberwesel:** Loreley, Schönburg (12. Jh.), Stadtbefestigung
Rhein-Taunus, Loreley-Burgenstraße

D-56349 Kaub
(01 72) 2 62 28 00
FAX (01 80) 5 22 13 60
www.burgen-am-rhein.de
www.burgen-rlp.de
www.kaub.mittelrhein.de
www.rhein-lahn-info.de/kaub
April–Sept. 9–13 und 14–18 Uhr, Okt.–März 9–13 und 14–17 Uhr, Dez. und am ersten Werktag im Monat geschlossen
Einkehrmöglichkeiten in der Stadt
! mittelalterliche Burganlage

Zeittafel

1326/27 Bau der Pfalz als erster weltlichen Zollstation am Rhein für König Ludwig den Bayern

1338–42 Ausbau durch sechseckige Ringmauer mit Wehrgang

Mitte 17. Jh. Ausbau und Verstärkung

1755 Umbau des Turms im Stil des Barock

Schloss Stolzenfels

Das Erbe der Kurfürsten und Könige: Ein preußisches Juwel der Neugotik am Rhein

D-56075 Koblenz
(02 61) 5 16 56
FAX (02 61) 5 79 19 47
www.schloss-stolzenfels.de
www.burgen-rlp.de
www.burgen-am-rhein.de
April–Sept. Di–So 9–18 Uhr,
Okt.–März Di–So 9–17 Uhr,
Dez. und am ersten Werktag im Monat geschlossen
Einkehrmöglichkeiten in der Stadt
! Einrichtung der königlichen Wohnräume, Aussichtsterrasse, Park und Gärten von Peter Joseph Lenné

Zeittafel

um 1250 Erste kurtrierische Burg als Zollstätte für Erzbischof Arnold II. von Isenburg

14. Jh. Ausbau für die Erzbischöfe Cuno und Werner von Falkenstein

1689 Zerstörung durch Franzosen

1836–42 Neugotischer Neubau für Kronprinz Friedrich Wilhelm, den späteren König Friedrich Wilhelm IV. von Preußen, durch Carl Friedrich Schinkel und Friedrich August Stüler

Das idyllisch am linken Rheinufer gegenüber der Lahnmündung ockergelb aufragende gewaltige Schloss ist ein Kunstprodukt der Rheinromantik des 19. Jh. 1823 von der Stadt Koblenz als Geschenk erhalten, ließ der preußische Kronprinz Friedrich Wilhelm die ehemalige kurtrierische Zollburg – wie schon sein Cousin Friedrich Ludwig die nahe gelegene Burg Rheinstein – zur Sommerresidenz ausbauen. Mit ihrer markanten, turmreichen Silhouette und den vielen Zinnen und Erkern gehört die Anlage zu den großartigsten Bauwerken der Neugotik. Sie ist Stein gewordenes Zeugnis der romantischen Schwärmerei für die Rheinlandschaft und mittelalterliche Geschichte sowie ein Dokument der preußischen Kulturpolitik am Rhein.

! **Koblenz:** Deutsches Eck (19. Jh.), Festung Ehrenbreitstein (10.–19. Jh.), St. Kastor (9.–13. Jh.), **Maria Laach:** Kloster (11./12. Jh.), **Lahnstein:** Burg Lahneck (13. Jh.)
Rhein-Westerwald, Rhein- und Moseltal

Burg Eltz

Ein vieltürmiges und nie zerstörtes Wunder: Die »Burg der Burgen« im engen Elzbachtal

Wie eine vieltürmige Stadt, gut versteckt und doch wehrtechnisch günstig im engen Elzbachtal nördlich der Mosel gelegen, thront eine der imposantesten und am besten erhaltenen Burgen Deutschlands auf einer Felsenplatte. In 500-jähriger Bauzeit entstand die wildromantisch mit spitzen Türmchen und Giebeln, steilen Dächern und Erkern aus Fachwerk reich bestückte Anlage, in der sich von der Romanik bis zum Barock Beispiele für jeden Baustil finden lassen. Dank der diplomatischen Geschicke ihrer Eigentümer überstand sie alle großen Kriege unbeschadet. Auch eine Belagerung von der im 14. Jh. eigens auf einem benachbarten Hügel errichteten Burg Trutzeltz blieb folgenlos. Sie ist heute eine Ruine.

In der vielfach verschachtelten Burg haben über Jahrhunderte mehrere Zweige des Eltzer Adelsgeschlechtes in einer Ganerbengemeinschaft nebeneinander gewohnt. Eine strenge Burgordnung regelte das Zusammenleben. Tore, Brunnen und Kapelle gehörten allen. Acht bis zu 45 Meter hohe Wohntürme der jeweiligen Familien umschließen dicht gedrängt den eindrucksvollen, idyllisch gelegenen Innenhof. Die Burg ist bis heute seit 33 Generationen in Familienbesitz.

Der älteste Bau, Haus Platteltz, steht als ehemaliger romanischer Bergfried auf der höchsten Stelle des Bergrückens. Es stammt im Kern aus dem 12. Jh. und dokumentiert heute im Wesentlichen den Charakter

Zeittafel

ab 1157 Erste Burg für Graf Rudolph von Eltz

1268 Teilung in eine Ganerbenburg der Grafen Elias, Wilhelm und Theoderich von Eltz, seitdem 500 Jahre ununterbrochene Aus- und Umbauten

1331–33 Kurfürst Balduin von Trier belagert die Burg

1845–88 Restaurierung unter Graf Karl zu Eltz

eines Wohnturms des 13. Jh. Haus Rübenach im Nordwesten, 1472 von Lancelot und Wilhelm aus der Linie vom Silbernen Löwen erbaut, besitzt Fachwerktürmchen, einen Erkervorbau und einen zierlichen Kapellenerker. Nach dem Pfortenhaus und der um 1327 errichteten Kapelle folgte das 1470–1540 erbaute Haus Groß-Rodendorf mit seiner schönen gewölbten Vorhalle. Nach Süden zu schließen sich die Häuser Klein-Rodendorf (16. Jh.) sowie Kempenich (16. Jh.) mit Treppenturm und schöner Vorhalle an.

Das Innere zeigt mit kleinen aber luxuriösen Räumen adelige Wohnkultur vom Mittelalter bis zur Neuzeit. Die Schatzkammer birgt Meisterwerke aus Gold, Silber, Elfenbein und Porzellan sowie historische Rüstungen und Waffen.

! **Alken:** Burg Thurant (12. Jh.), **Brodenbach:** Ehrenburg (12. Jh.), **Cochem:** Reichsburg (12.–19. Jh.), **Kobern-Gondorf:** Nieder- und Oberburg (12. Jh.)
Moseltal, Hunsrück, Moselweinstraße

D-56294 Münstermaifeld,
Gräflich Eltz'sche Kastellanei
(0 26 72) 9 50 50-0
FAX (0 26 72) 9 50 50-50
www.burg-eltz.de
April–1. Nov. 9.30–17.30 Uhr
Burgschänken
! Wohn- und Schlafräume, Waffenhalle und Rittersaal, Jagdzimmer und Küche, Schatzkammer mit großer Sammlung von Goldschmiedearbeiten, Münzen, Schmuck, Porzellan, Glas, Waffen und Rüstungen

TOP TEN

1 Haus Platteltz
2 Haus Rübenach
3 Haus Rodendorf
4 Haus Kempenich
5 Goldschmiedehaus
6 Remise
7 Eckturm der unteren Befestigung
8 Zwinger
9 Äußerer Torbau
10 Talpforte

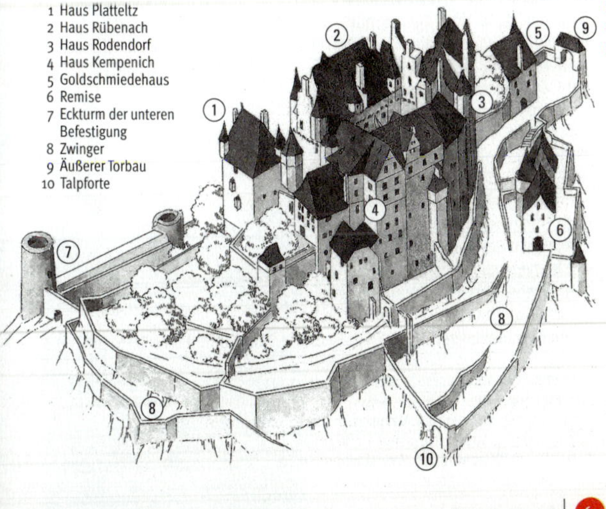

Hambacher Schloss

Wiege der deutschen Demokratie und Einheit: Das Hambacher »Fest für die Freiheit«

Die Burgruine wurde mit dem »Hambacher Fest« am 27. Mai 1832 auf einen Schlag berühmt, als sich dort 30 000 freiheitlich gesinnte Bürger und Patrioten versammelten, um erstmals unter der schwarz-rot-goldenen Fahne mehr Demokratie und ein einiges und freies Deutschland als föderative Republik zu fordern. Diese erste Proklamation des deutschen Einheitsgedankens wurde von der Regierung Bayerns, zu der die Pfalz damals gehörte, mit Gewalt unterdrückt: Einige Hauptredner wurden verhaftet, andere flohen nach Frankreich. Durch reaktionäre Beschlüsse wurde die alte Ordnung wieder hergestellt. Erst 1919 und dann wieder 1949 wurden die Farben Schwarz-Rot-Gold Symbol der deutschen Nationalflagge.

! **Deidesheim:** Rathaus (16. Jh.), **Edenkoben:** Rietburg, Schloss »Villa Ludwigshöhe« (19. Jh.), **Neustadt a.d. Weinstraße:** Rathaus (18. Jh.), **Speyer:** Kaiserdom (11. Jh.)
Naturpark Pfälzerwald, Dt. Weinstraße

D-67433 Neustadt a.d. Weinstraße
(0 63 21) 3 08 81
FAX (0 63 21) 48 26 72
www.hambacher-schloss.de
März–Nov. 10–18 Uhr
Schlossschänke
! Ausstellung »Ein Fest für die Freiheit«, Mittelalterliches Burgfest

Zeittafel

11. Jh. Salische »Kestenburg«

1100 Umbau als Sommerresidenz der Bischöfe von Speyer

1688 Zerstörung durch Franzosen

1815 Übertragung der Pfalz an das Königreich Bayern

1842 Hochzeitsgeschenk für den bayerischen Kronprinzen Maximilian als »Maxburg«

1844–46 Unvollendeter Umbau zum »pfälzischen Hohenschwangau« durch August von Voit

Burg Katz, Burg Maus, Burg Rheinfels

Rheinromantik im harmonischen Dreiklang: Die stolzen Rheinburgen an der Loreley

- D-56346 St. Goarshausen und D-56329 St. Goar
- www.loreleytal.com/rheinburgen/ www.burg-maus.de, www.burg-rheinfels.com
- Burg Katz: keine Besichtigung
  Burg Maus: 20. März–3. Okt. ab 10 Uhr
  Burg Rheinfels: Mitte März–Okt. 9–18 Uhr, Nov.–Mitte März Sa, So 11–17 Uhr
- Burg Maus: Kleine Burgschänke
  Burg Rheinfels: Burgschänke, Restaurant
- Burg Maus: Eigene Vogelzucht
  Burg Rheinfels: Burgmuseum, Burgnacht mit Ritterturnier (Anf. Juni)

Zeittafel

Burg Katz: um 1371 Erste Burg von Graf Wilhelm II. von Katzenelnbogen

1804 Sprengung durch die Franzosen

1896–98 Historisierender Neuaufbau

Burg Maus: 1353–57 Errichtung für Erzbischof Boemund II. von Trier

1580 Umbau für Familie von Nassau

1900–06 Wiederaufbau

Burg Rheinfels: 1245 erste Burg von Graf Diether V. von Katzenelnbogen

1797 Nach kampfloser Übergabe Sprengung der Burg durch die Franzosen

Die malerisch auf einem dominanten Felsen über St. Goarshausen gelegene Burg Katz diente den Grafen von Katzenelnbogen zur Sicherung des Rheinübergangs und ihren Ländereien im Taunus. Während der mächtige Rundturm die Angriffseite schützt, thront über der Rheinseite der Palas mit seiner Doppelturmfassade. Am Rheinufer gegenüber liegt mit der Burg Rheinfels die größte Burgruine am Rhein. Die ehemalige Zollstation der Grafen war einst eine vieltürmige Festung, die gemeinsam mit der Burg Katz eine wirksame »Rheintalsperre« bildete. Die rheinabwärts gelegene, aufgrund ihrer Größe von den Grafen verächtlich »Burg Maus« genannte Deurenburg ist in ihrer mittelalterlichen Gestalt nahezu erhalten geblieben.

Boppard: Römerkastell (4. Jh.), Marktplatz, St. Severuns (12./13. Jh.), **Oberwesel:** Schönburg, **St. Goarshausen:** Stadtbefestigung, **Wellmich:** (Kirche (15. Jh.)

Rheintal, Loreley, Rheingoldstraße

Burg Rheinstein

Symbol preußischer Rheinromantik: Ein Sommersitz für Prinz Friedrich Ludwig

RHEINLAND-PFALZ

Die beeindruckende, 90 Meter über dem Rhein thronende ehemalige Burg Fatzberg wurde im Mittelalter als Schutz- und Trutzburg zur nahe gelegenen Burg Reichenstein umgebaut. Ältester Bauteil ist der massive, aus der Mitte ragende Wohnturm. Die Anlage wurde als erste der Rheinburgen von den Hohenzollern wieder aufgebaut und gilt seither als Symbol der Rheinromantik des 19. Jh. Ihre zahlreichen Türme und Mauern mit spitzbogigen Fenstern, Rundbogenfriesen und Zinnenabschlüssen sowie kostbare Glasbilder und Wandfresken machen die Burg zu einem großartigen Zeugnis der frühen Neugotik. Herausragendstes Dokument dieses Stils ist die 1844 erbaute Kapelle mit Prinzengruft.

! **Bingen:** Burg Klopp und Mäuseturm (13. Jh.), Martinskirche (11. Jh.), Ruine Ehrenfels, **Lorch:** St. Martin (13. Jh.), **Rüdesheim:** Niederwalddenkmal (19. Jh.)
Rhein-Taunus, Saar-Hunsrück

D-55413 Trechtingshausen
(0 67 21) 63 48
FAX (0 67 21) 66 59
www.burg-rheinstein.de
www.burgen-am-rhein.de
www.loreleytal.com/rheinburgen/links/rheinstein

15. März–15. Nov. 9.30–17.30 Uhr, 16. Nov.–14. März Mo–Do 14–17 Uhr, So 10–17 Uhr

Café-Terrasse

! Konzerte, Burgfeste, Märchentage

Zeittafel

um 900 Erste Burg

14. Jh. Umbau zur Zollstation für den Mainzer Erzbischof Peter von Aspelt

1823–29 Ausbau zum fürstlichen Sommersitz für Prinz Friedrich Ludwig, Cousin des späteren Königs Friedrich Wilhem IV. von Preußen, durch Carl Friedrich Schinkel

Märchenburg über der Saarschleife: Eine Wehrfeste beim Wahrzeichen des Saarlands

D-66693 Mettlach
(0 68 64) 22 42
FAX (0 68 64) 27 04 20
www.mettlach.de
April–Okt. 11–18 Uhr,
Nov.–März Di–So 11–16 Uhr
Imbiss im Burghof, Turmstube
Burgmuseum

Zeittafel

um 1000 Erste Burg »Skiva« des Grafen im Saargau

1016 Zerstörung durch Erzbischof Poppo von Trier

1180 Neubau für Arnulph von Wallencourt

1428–39 Aus- und Umbau für Jacob von Montclair und Arnold von Sierck

1855 Sicherung der Ruine auf Veranlassung von König Friedrich Wilhelm IV. von Preußen

Den natürlichen Schutz der heute als Naturdenkmal ausgewiesenen berühmten Saarschleife nutzend, erhebt sich auf lang gestrecktem, sanftem Bergrücken der einstige Wehrbau. Die einst nur zu Kriegs- und Belagerungszeiten bewohnte rechteckige Anlage besitzt zur Saar hin zwei kleine und zur südöstlichen Angriffsseite zwei mächtige Rundtürme, deren Mauern bis zu vier Meter dick sind. Ihnen vorgelagert ist ein zwölf Meter breiter Halsgraben, der früher von einer Zugbrücke überspannt war. Der heutige Steg führt zum ehemaligen Brückenhaus, dessen Fundament wieder hergestellt wurde. Vom Burghof aus geleiten Treppentürme zu den Wehrgängen und -plattformen auf den aussichtsreichen Rondellen.

! **Saarburg:** Altstadt, Saarburg, **Trier:** Aula Palatina (3. Jh.), Dom (4.–11. Jh.), Hauptmarkt, Kaiserthermen (4. Jh.), Liebfrauenkirche (13. Jh.), Porta Nigra (2. Jh.)
Aussichtspunkt Cloef, Naturpark Saar-Hunsrück, Mosel

Zwinger

Zeugnis unerschöpflicher Fantasie und Vitalität: Ein königliches Selbstbild August des Starken

SACHSEN

Der sich harmonisch in das historische Stadtbild einfügende, verschwenderisch geschmückte und ausgestattete Prunkbau entstand auf dem Areal der einstigen Stadtbefestigung. Es gilt als weltweit einzigartiges Meisterwerk des höfischen Barock und ist zusammen mit der Frauenkirche Dresdens berühmtestes Baudenkmal. Der Zwinger war niemals ein Schloss, sondern ein symmetrisch angelegter, opulent dekorierter Festplatz unter freiem Himmel, der allein als repräsentativer Rahmen der rauschenden Lustbarkeiten diente. Den weiten Schlossgarten, in dem die Feste und Feuerwerke stattfanden, umrahmen Galerien und Pavillons. Die 36 Achsen zählende Langgalerie wird vom Kronentor unterbrochen, über dessen Zwiebelkuppel sich die von vier vergoldeten polnischen Adlern getragene Königskrone erhebt. Diese Kombination aus Triumphbogen und Torturm symbolisiert die polnische Königswürde August des Starken. Im Scheitel der auswärts schwingenden Bogengalerie liegt mit dem von fantastischem Skulpturenschmuck überzogenen Wallpavillon der architektonische Glanzpunkt der Anlage, der vom gegenüber liegenden Glockenspielpavillon mit wertvollem Glockenspiel aus Meissner Porzellan gespiegelt wird. Versetzt dahinter befindet sich das Nymphenbad, ein in sich geschlossener intimer Platz.

Zeittafel

1709–28 Bau des Zwingers als Orangerie für Kurfürst Friedrich August II. der Starke von Sachsen durch Matthäus Daniel Pöppelmann und Balthasar Permoser

1847–54 Abschluss des ursprünglich zur Elbe offenen Zwingers mit dem Bau der Gemäldegalerie im Stil der italienischen Hochrenaissance durch Gottfried Semper

Überall zeigt sich die geniale Symbiose aus Architektur und Plastik in einem äußerst bewegten, figurativ modellierten Gebilde von teilweise verwirrender Formenvielfalt, die es mit ähnlich lebhafter Wirkung noch nie zuvor gegeben hat: Ranken aus Früchten, Putten, Hermen und fantastische Faune beleben die streng gegliederten Bauten und huldigen dem »Hercules Saxonicus«, einer sechs Meter hohen Statue August des Starken auf dem Wallpavillon.

In den Arkaden und Flügeln sind heute weltberühmte Museen wie die Gemäldegalerie Alte Meister, eine der reichsten Sammlungen von Meisterwerken der europäischen Malerei des 15.–18. Jh., oder die Porzellansammlung August des Starken mit zahlreichen Stücken chinesischer und japanischer Porzellankunst sowie einmaligen Exponaten der Manufaktur in Meißen untergebracht.

! Albertinum: Galerie Neue Meister, Skulpturensammlung und Grünes Gewölbe (bis Ende '03, ab Sommer '04 im Residenzschloss), Blaues Wunder (19. Jh.), Brühlsche Terrasse, Frauen-, Hof- und Kreuzkirche (alle 18. Jh.), Residenzschloss (16. Jh.), Semperoper (19. Jh.)

✉ D-01067 Dresden,
Staatliche Kunstsammlungen Dresden
Theaterplatz
☎ (03 51) 4 91 46-19
FAX (03 51) 4 91 46-16
www.skd-dresden.de
www.schloesser-dresden.de
Außenanlage: 6–22 Uhr
Gemäldegalerie Alte Meister:
Di–So 10–18 Uhr
Porzellansammlung und Mathematisch-Physikalischer Salon: Di–So 10–18 Uhr
Rüstkammer: Di–So 10–18 Uhr
Café
! Gemäldegalerie Alte Meister, Nymphenbad, Porzellansammlung, Rüstkammer

TOP TEN

1 Langgalerie
2 Kronentor
3 Wallpavillon
4 Glockenspielpavillon
5 Nymphenbad
6 Gemäldegalerie Alte Meister
7 Rüstkammer
8 Porzellansammlung
9 Mathematisch-Physikalischer Salon
10 Innenhof

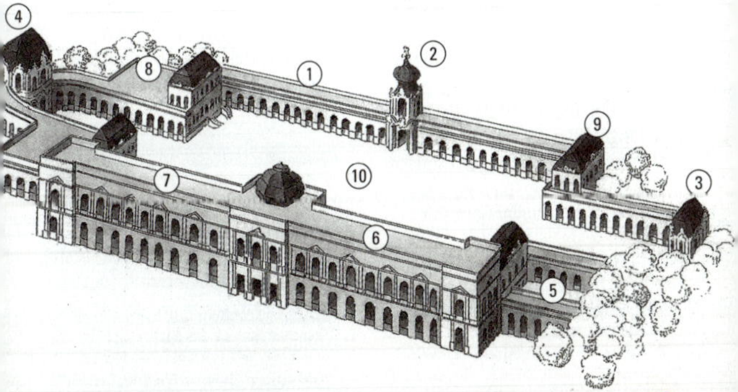

Schloss Pillnitz

Exotisches Juwel sächsischer Baukunst: Ein »Lustschloss für Park- und Wasserfeste«

SACHSEN

Das aus dem oberen Berg- und dem unteren Wasserpalais bestehende harmonische Ensemble gilt als eines der frühesten Beispiele für die Verwendung »chinesischer« Formen in der Baukunst des Barock. Die ursprünglich weitaus größer geplante Anlage wurde zu Gunsten des Schlosses Moritzburg nicht realisiert. Eine weit geschwungene Freitreppe führt von der Gondelanlegestelle am Elbufer direkt zum Eingang des Wasserpalais, das durch seine heitere Farbigkeit und harmonische Proportionen besticht. Die bemalten Hohlkehlen unter den pagodenartigen Dächern und die von ostasiatischen Porzellangefäßen inspirierte chinoise Malerei im Inneren zeigen exotische Visionen einer verspielten, unbeschwerten Welt voller Genüsse.

! **Dresden:** Frauen-, Hof- und Kreuzkirche (alle 18. Jh.), Residenzschloss (15.– 17. Jh.), Semperoper (19. Jh.), Zwinger (18. Jh.)
Stolpen: Burg (13. Jh.)
Nationalpark Sächsische Schweiz

D-01326 Dresden-Pillnitz,
Staatl. Schlösser und Gärten Dresden,
August-Böckstiegel-Str. 2
(03 51) 2 61 3-260
FAX (03 51) 2 61 3-280
www.skd-dresden.de
www.dresden-pillnitz.de
www.schloesser-dresden.de
www.schlosshotel-pillnitz.de
Bergpalais: Mai–Okt. Di–So 10–18 Uhr
Wasserpalais: Mai–Okt. Mi–Mo 10–18 Uhr
Parkcafé, Palmenhaus, Weinberg- und Schlossschänke
! Kunstgewerbemuseum, Landschaftspark: Englischer und Chinesischer Pavillon, Pillnitzer Kamelie, Konzerte, Parkfeste, Weinbergkirche (18. Jh.)

Zeittafel

1720–23 Lustschloss für Kurfürst Friedrich August II. der Starke von Sachsen als Geschenk für seine Mätresse Gräfin Anna Constantina von Cosel durch Matthäus Daniel Pöppelmann

1818–26 Erweiterung des seit 1768 als Sommerresidenz des sächsischen Hofes genutzten Schlosses mit dem Neuen Palais durch Christian Friedrich Schuricht

Festung Königstein

Riesige Naturfestung in der Sächsischen Schweiz: Der unbeugsame »Wächter des Elbtals«

D-01824 Königstein
(03 50 21) 6 46-07
FAX (03 50 21) 6 46-09
www.festung-koenigstein.de
April–Sept. 9–20 Uhr, Okt. 9–18 Uhr, Nov.–März 9–17 Uhr
Offizierskasino, Erlebnisrestaurant »In den Kasematten«, Historischer Ausschank »Zum Musketier«, Biergärten, Festungsbäckerei
! Ausstellungen u.a. im Brunnenhaus, Kommandantenhaus, Alten und Neuen Zeughaus, thematische Führungen, großes Barockfest, Internationales Militärmusikfest, historisch-romantischer Weihnachtsmarkt

Zeittafel

1241 Errichtung der Königsburg für König Wenzel I. von Böhmen

15. Jh. Übergang an die Wettiner

1563–69 Bau des 152,5 Meter tiefen Brunnens

ab 1589 Ausbau zur Landesfestung für Kurfürst Christian I. von Sachsen durch Paul Buchner d. Ä.

seit 1591 Gefürchtetes Staatsgefängnis

ab 1770 Ausbau mit Kasematten für die Festungsgeschütze

Die imposante Bergfestung auf einem 9,5 Hektar großen Felsplateau wurde auf den Ruinen der mittelalterlichen Burg »in lapide regis« (= Stein des Königs) angelegt. Durch seine günstige Lage an strategisch wichtigen Wasser- und Handelsstraßen kam der Festung über die Jahrhunderte eine große Bedeutung zu. Trutzige Bastionen und drei Zugbrücken sicherten das Außentor, von dem eine steile Rampe zum Plateau hinaufführt. Mit seinen rund 30 Gebäuden aus acht Jahrhunderten wurde das unbezwingbare Bollwerk in seiner 750-jährigen Geschichte nie erobert und nie zerstört. Deswegen nutzten es die Kurfürsten auch als gefürchtetes Gefängnis oder in Notzeiten als Zuflucht und sicheren Aufbewahrungsort der Staatsschätze.

! **Bad Schandau:** Kirnitzschtalbahn, Bastei, **Großsedlitz:** Barockgarten (18. Jh.), **Pirna:** Marienkirche und Rathaus (16. Jh.), Schloss Sonnenstein (17./18. Jh.)
Sächs. Schweiz, Elbsandsteingebirge

Burg Kriebstein

Spätgotisches Juwel auf steilem Fels: Ein Raubritternest aus dem Bilderbuch

SACHSEN

Majestätisch erhebt sich die schönste Ritterburg Sachsens mit ihrem monumentalen Wohnturm als Zentrum der Anlage auf einem steilen Felssporn über dem wildromantischen Flussufer der Zschopau. Der auf unregelmäßig ovalem Grundriss geschlossene Baukomplex aus der Spätgotik ist vollständig erhalten. Der 45 Meter hohe, durch seine ausgefallene Dachgestaltung verblüffende Wohnturm besitzt noch seine originale Innenausstattung. Die Burgkapelle birgt hervorragend erhaltene Wandmalereien von 1410 mit eindrucksvollen Szenen aus dem Leben Mariä. Darüber hinaus zeigen sich in verschiedenen Stilzimmern und -sälen die unterschiedlichen Epochen von der Renaissance bis zur Neugotik.

! Chemnitz: Altes Rathaus (15. Jh.), Kunstsammlungen, Schlosskirche (16. Jh.), **Freiberg:** Altstadt, Dom (13. Jh.), Stadt- und Bergbaumuseum, Obermarkt
Zschopau-Tal, Naturpark Erzgebirge

- D-09648 Kriebstein, Staatlicher Schlossbetrieb
- (03 43 27) 9 52-0
- FAX (03 43 27) 9 52-22
- www.burg-kriebstein.de
- 13. Feb.–30. Nov. Di–So 10–16 Uhr, Mai–Sept. Di–So 10–17.30 Uhr
- Burg-Café, Großer Festsaal, Öffentliche Rittermahle
- ! Konzerte, Burgfeste, Sonderausstellungen, Theater, thematische Sonderführungen

Zeittafel

1384 Erste Burg für Ritter Dietrich von Beerwalde

1471 Spätgotische Um- und Anbauten für Hugold III. von Schleinitz durch Arnold von Westfalen

1866–68 Umbauten durch Hans Henning von Arnim

Erstes deutsches Schloss und Wiege Sachsens: Ein spätgotisches Kuriosum für die Wettiner

D-01662 Meißen
Domplatz 1
(0 35 21) 4 70 70
FAX (0 35 21) 47 07 11
www.albrechtsburg-meissen.de
März–Okt. 10–17 Uhr,
Nov.–Feb. 10–17 Uhr
Café in der Kaminhalle
Ausstellungen »des hymels hauß gesind« (mittelalterliche Plastiken) und »Schaff Gold Böttger!«, wechselnde Sonderausstellungen, Konzerte, Kabarett, Lesungen, Mittelalterspektakel, Open-Air-Aufführungen auf dem Burghof und spezielle Angebote für Kinder

Zeittafel

929 Erste Burganlage »Misni« unter Ottonenkönig Heinrich I. zur Sicherung der von den Slawen erworbenen Gebiete

968 Gründung des Bistums Meißen und Errichtung des Doms in unmittelbarer Nähe der Burg

1471–89 Errichtung der kurfürstlichen Residenz für die Herzöge von Sachsen Ernst und Albrecht von Wettin durch Arnold von Westfalen

Hoch über dem Elbtal thront die mächtige Befestigungsanlage mit ihrem einzigartigen Ensemble aus Albrechtsburg, Bischofsschloss und dem alles überragenden doppeltürmigen Dom. Die Albrechtsburg besticht durch ihre einmalige spätgotische Architektur mit neuartigen Zellengewölben, »Vorhangbogenfenstern«, dem Verzicht auf die für die Gotik üblichen Strebepfeiler und dem berühmten Großen Wendelstein, einem faszinierenden Treppenturm, der den Burghof beherrscht. 1710 wurde hier auf Anordnung August des Starken die Meißner Porzellanmanufaktur, die erste europäische Produktionsstätte für das »Weiße Gold«, eingerichtet. Um 1870 erhielten die Innenräume prachtvolle Wandmalereien.

! Altstadt mit Markt, Rathaus und Frauenkirche (beide 15. Jh.), Dom (13.–15. Jh.), Staatliche Porzellanmanufaktur (19. Jh.)
Elblandschaft, Sächsische Weinstraße, Deutsche Alleenstraße

Machtvolle Pracht in vollendeter Harmonie: Das Herzstück einer einmaligen Kulturlandschaft

SACHSEN

Das auf einer Granitkuppe errichtete Jagdschloss, inmitten sumpfiger Feuchtwiesen gelegen, wurde im 17. Jh. durch eine Kapelle und die Aufstockung des Herrenhauses ergänzt. Im 18. Jh. folgte als geniale Symbiose zwischen burgartigem und repräsentativem Charakter die Erweiterung zu einer gewaltigen, von vier mächtigen Rundtürmen eingefassten vierkantigen Barockanlage. Die über einer Terrasse ehrenhofartig eingewölbte Hauptfassade dominiert ein plastisch dekorierter Mittelteil. Ein wellenförmig geschwungenes Dach integriert die Kapelle. Nach Trockenlegung der Wiesen wurde die Umgebung in eine großzügige Park- und Seenlandschaft verwandelt, aus der sich heute das grandioseste Wasserschloss Sachsens erhebt.

! **Dresden:** Albertinum (19. Jh.), Frauenkirche (18. Jh.), Hofkirche (18. Jh.), Kreuzkirche (18. Jh.), Residenzschloss (15.–17. Jh.), Semperoper (19. Jh.), Zwinger (18. Jh.)
Sächsische Weinstraße

D-01468 Moritzburg
Schlossinsel
(03 52 07) 8 73-0
FAX (03 52 07) 8 73-11
www.schloss-moritzburg.de
April–Okt. 10–17.30 Uhr,
Nov.–März Di–So 10–16 Uhr
Schlossrestaurant, Schlosskeller, Eiscafé
! Barockmuseum: Möbel, Jagdtrophäensammlung, Ledertapeten, Porzellan, »Das Moritzburger Federzimmer«, Schlosspark: Fasanenschlösschen im Rokokostil (18. Jh.), Großteich mit Hafen, Leuchtturm, Mole und künstlich angelegten Dardanellen, Käthe-Kollwitz-Gedenkstätte

Zeittafel

1542–46 Erstes Jagdschloss im Stil der Renaissance für Herzog Moritz von Sachsen

1661–72 Aus- und Umbau

1723–33 Barocker Aus- und Umbau zur Jagdresidenz für Kurfürst Friedrich August II. der Starke von Sachsen durch Matthäus Daniel Pöppelmann und Zacharias Longuelune

1769–72 Bau des Fasanenschlösschens

Schloss Weesenstein

Von der stolzen Feste zum stillen Königssitz: Das verträumte Wunder im reizvollen Müglitztal

- D-01809 Müglitztal
  Am Schlossberg 1
- (03 50 27) 6 26-0
- FAX (03 50 27) 6 26-28
- www.schloss-weesenstein.de
- Nov.–März 10–17 Uhr,
  April–Okt. 9–18 Uhr
- Königliche Schlossküche, Schlosscafé, Schlossbrauerei
- ! Schlossmuseum, Schlosskapelle, Schlosspark, Konzerte, Sonderausstellungen, Weesensteiner Mittelalterfest (Pfingsten), Theater, Lesungen

Zeittafel

1318 Erste urkundliche Erwähnung

16. Jh. Aus- und Umbau zum Renaissanceschloss

1. Hälfte 18. Jh. Aus- und Umbau im Stil des Barock

2. Hälfte 18. Jh. Aufbau des klassizistischen Gartenflügels, Umgestaltung des Parks

seit 1830 Privatbesitz des sächsischen Königshauses

Unweit der einstigen Residenzstadt Dresden liegt verträumt in »Sachsens schönstem Tal« der Müglitz ein architektonisches Kuriosum, das als Privatbesitz des Dante-Übersetzers König Johann von Sachsen im 19. Jh. überregionale Bedeutung erhielt. Die über 700-jährige Geschichte von der wehrhaften Burg über die zweiflügelige Renaissanceanlage zum idyllischen Königsschloss lässt sich noch heute mit allen Stufen der Verwandlung in diesem einzigartigen Ensemble ablesen. Der im Kern gotische Bau besitzt neben einem originellen Museum mit wertvollem Mobiliar und historischen Tapeten zwei barocke Schlosskapellen, einen schönen Park und seit kurzer Zeit auch wieder das original »Weesensteiner« aus der Schlossbrauerei.

! **Altenberg:** Bergbaumuseum, **Frauenstein:** Burgruine, Schloss (16. Jh.), **Liebstadt:** Schloss Kuckuckstein (19. Jh.), **Reinhardtsgrimma:** Dorfkirche, Schloss
Elbsandsteingebirge, Müglitztal

Schloss Bernburg

Hoch auf dem Felsen über der Saale: Eine Renaissanceresidenz als »Krone Anhalts«

SACHSEN-ANHALT

Das giebelreiche, majestätisch auf einem Sandsteinfelsen über dem Ufer der Saale thronende Renaissanceschloss wird vor allem durch den »Wolfgang-Bau« und seinen als »Leuchten« bezeichneten, mit Ornamenten geschmückten Runderkern geprägt. Die Anlage birgt eine romanische Schlosskapelle und gotische Türme aus dem Mittelalter. Der wuchtige Bergfried der einstigen Burg wird als »Eulenspiegelturm« bezeichnet: Hier soll sich der berühmte Schelm als Turmbläser mit falschem Alarm Zugang zur üppig gedeckten Tafel der Herrschaften verschafft haben. Im Zwinger des einstigen Burggrabens wird seit 1860 das anhaltiner Wappentier als Erinnerung an den Askanier »Albrecht der Bär« gehalten.

! **Bernburg:** Altstadt und Stadtbefestigung (15.–17. Jh.), Marienkirche (13. Jh.), St. Stephan (12. Jh.), Neustädter Brücke (15. Jh.), **Köthen:** Marktkirche (13. Jh.), Schloss (16. Jh.)
Dt. Alleenstraße, Straße der Romanik

D-06406 Bernburg, Kulturstiftung Bernburg
(0 34 71) 62 50 07
FAX (0 34 71) 62 41 70
www.museumschlossbernburg.de, www.ksb-anhalt.de
Di–Do 9–16 Uhr, Fr 9–12.30 Uhr, Sa, So 10–16.30 Uhr
Einkehrmöglichkeiten in der Stadt
! Altes und Krummes Haus: Schlossmuseum,
Johann-Georgen-Bau: Anhaltische Mineraliensammlung (Bergbau im Harz), ehem. Hoftheater (19. Jh.), Konzerte

Zeittafel

961 Erste Burg

1138 Brandschatzung der askanischen Festung »Berneburch« durch die Sachsen

ab 1245 Hauptresidenz der Fürsten von Anhalt

1538–70 Renaissanceumbau für Fürst Wolfgang zu Anhalt durch Andreas Günther

1603–1765 Residenz der Fürsten und späteren Herzöge von Anhalt-Bernburg

Burg Falkenstein

Niemals eroberte Trutzburg im Harz: Eine Keimzelle des deutschen Rechts

D-06543 Pansfelde,
Museum Burg Falkenstein
(03 47 43) 81 35, 6 19 43
FAX (03 47 43) 6 19 42
www.burg-falkenstein.de
April–Okt. Di–So 10–18 Uhr,
Nov.–März Di–So 10–16.30 Uhr
Burggaststätte »Krummes Tor«, Gartenterrasse
! Burgmuseum: Ausstellungen zum Leben auf der Burg, eingerichtete Wohnräume; Ausstellungen zum »Sachsenspiegel«, Jagdwaffen, Falkenhof: März bis Okt. tägliche Vorführungen, Veranstaltungen: u.a. Anfang Okt. mittelalterliches Burgfest

Zeittafel

1120 Erste Burg für Graf Burchard d. J. von Konradsburg

1182/83 Um- und Erweiterungsbauten zur Wehranlage

1437 Verpfändung an die Grafen von der Asseburg

15/16. Jh. Umbau zum Renaissance-Jagdschloss

1830 Neugotischer Umbau des Herrenhauses für Graf Ludwig I. von der Asseburg-Falkenstein durch Friedrich August Stüler

Die auf einem Bergsporn über dem Selketal gelegene Burg gilt als eine der schönsten Anlagen des Harzes. Sie besticht durch eine einzigartige Wehrhaftigkeit: Sechs erhaltene Tore führen in die Kernburg, die allseitig durch Zwingeranlagen, drei vorgelagerte Halsgräben, eine 17 Meter hohe Schildmauer und den darüber thronenden Bergfried geschützt wird. Die Ausstellungen bieten Einblick in die Wohn- und Wirtschaftsbereiche der Burg. Zu den interessantesten Räumen gehören die Burgkapelle, der Rittersaal, die »Königszimmer« und die Burgküche. Graf Hoyer von Falkenstein förderte Eike von Repgow, der hier um 1220 mit dem »Sachsenspiegel« das bedeutendste deutschsprachige Rechtsbuch des Mittelalters niedergeschrieben haben soll.

! **Ballenstedt:** Schloss (16. Jh.), **Gernrode:** Stiftskirche (10. Jh.), **Quedlinburg:** Schloss mit Stiftskirche (11./12. Jh.)
Naturpark Harz, Deutsche Alleenstraße, Hochharzstraße, Straße der Romanik

Burg Querfurt

Von der Fliehburg zur monumentalen Bastion: Die »Burg der Türme« an der Straße der Romanik

SACHSEN-ANHALT

Am südwestlichen Rand der Stadt erhebt sich die turmreiche Silhouette der von zwei gewaltigen Ringmauern und einem in den Fels gehauenen Grabensystem umschlossenen Burganlage. Fast siebenmal so groß wie die Wartburg, gilt sie als größte und älteste Burg an der »Straße der Romanik«. Zentrum der Anlage ist der Burghof mit der romanischen Burgkirche und den drei eigenwilligen Burgtürmen »Dicker Heinrich«, Marter- und Pariser Turm. Durch den Zubau von Kanonenbastionen und schwer befestigten Toranlagen wurde die Burg zu einer artillerietauglichen Befestigungsanlage: Die imposante Westtoranlage mit sechs bis zehn Meter dicken Mauern besitzt große Scharten für leichte Geschütze.

! **Freyburg:** Neuenburg (11. Jh.), **Merseburg:** Domburg (11–16. Jh.), Schloss (15. Jh), **Naumburg:** Altstadt, Dom (13. Jh.), **Querfurt:** Altstadt, Rathaus (17. Jh.)
Kyffhäuser, Saale-Unstrut-Triasland

D-06268 Querfurt,
Museum Burg Querfurt
Burg
(03 47 71) 52 19-0
FAX (03 47 71) 52 19-99
www.querfurt.de
www.burg-querfurt.de
Di–So 9–17 Uhr
Museumscafé
! Dauerausstellungen zur Burg- und Stadtgeschichte, Ur- und Frühgeschichte, gotische sakrale Plastik, flämische Malerei des 17./18.Jh., Konzerte, Mittelalterliches Burgfest (3. Juniwochenende), Theater, Puppentheater, Sonderausstellungen

Zeittafel

9. Jh. Karolingische Steinburg »Curnfurtheburg«

12./13. Jh. Ausbau mit innerer Ringmauer, Burgkirche, »Dickem Heinrich« und Marterturm

um 1350 Bau der äußeren Ringmauer und des Pariser Turms für Graf Gebhard XIV. von Querfurt

1461–79 Ausbau mit Bastionen und Westtoranlage

1528–35 Um- und Ausbau von Fürsten-, Korn- und Rüsthaus

Schloss Wernigerode

Märchenschloss über den Wäldern des Harzes: Prestigeobjekt für den preußischen Vizekanzler

D-38855 Wernigerode
Am Schloss 1
(0 39 43) 55 30-40
FAX (0 39 43) 55 30-55
www.schloss-wernigerode.de
Mai–Okt. 10–18 Uhr, Nov.–April Di–Fr 10–16 Uhr, Sa, So 10–18 Uhr
Museumscafé in der ehem. Fürstinnengarderobe
! Schlossmuseum, Konzerte und Opernaufführungen, Sonder- und Verkaufsausstellungen, Sommernachtsveranstaltungen, Trödel- und Weihnachtsmarkt

Die turmreiche Silhouette der einstigen massiven Festung ist als »Neuschwanstein des Harzes« ein Kunstprodukt des 19. Jh., das den politischen Aufstieg des preußischen Vizekanzlers und reichsten Großgrundbesitzers in Deutschland dokumentieren sollte. Mit seiner Schlosskirche, dem Saalbau mit eindrucksvoller Ritterhalle und Festsaal, Treppenhaus und massigem Bergfried prägt der historistische Repräsentationsbau das gesamte Bild der »bunten Stadt« Wernigerode. Die Innenräume zeigen wertvolle Gegenstände der Wohnkultur des deutschen Hochadels in der zweiten Hälfte des 19. Jh. Das gesamte Untergeschoss stammt aus romanischer Zeit. Im Barockbau befinden sich Themenräume zur »höfischen Repräsentation«.

! **Halberstadt:** Dom (13.–15. Jh.), Liebfrauenkirche (12. Jh.), **Osterwieck:** Altstadt, **Rübeland:** Tropfsteinhöhle, **Quedlinburg:** Altstadt, Schloss mit Stiftskirche (11./12. Jh.), **Wernigerode:** Altstadt

Zeittafel

12. Jh. Erste Burg für die späteren Grafen von Wernigerode

16. Jh. Ausbau zur Renaissancefestung für die Grafen zu Stolberg

1671–76 Umbau zum Barockschloss für Graf Ernst zu Stolberg-Wernigerode

1863–75 Umbau zum historistischen Gesamtkunstwerk für Graf Otto zu Stolberg-Wernigerode durch Carl Frühling

Schloss Wörlitz

Schlichte Eleganz in inszenierter Landschaft: Künstlerischer Höhepunkt eines »Gartenreiches«

SACHSEN-ANHALT

Die natürlichen Gegebenheiten der Elbauen nutzend, gilt das Ensemble von Schloss und Park als wegweisendes Gesamtkunstwerk von einmaliger Schönheit: Das Schloss nach Vorbild englischer Landsitze ist der Gründungsbau des Klassizismus in Deutschland, der Landschaftspark der erste und größte im englischen Stil auf dem europäischen Festland. Der aus fünf Teilen bestehende, 112 Hektar große Park besticht durch seine natürlich wirkende Anlage. In den zahlreichen Seen und Kanälen, den klassizistischen und neugotischen Bauwerken sowie den Brücken, Grotten und Statuen spiegeln sich die Rezeption der Antike wie die Entdeckung der Natur im Zeitalter der bürgerlichen Aufklärung wider.

! Dessau: Bauhausbauten, Schloss Georgium, Luisium (beide 18. Jh.), **Lutherstadt, Wittenberg:** Lutherhaus, Marienkirche (13.– 15. Jh.), Schlosskirche (15. Jh.), **Mosigkau:** Schloss, **Oranienbaum:** Schloss (17.–18. Jh.)

D-06786 Wörlitz,
Kulturstiftung Dessau-Wörlitz
(03 40) 64 61-50
FAX (03 40) 64 61-510
www.ksdw.de
www.gartenreich.com
April und Okt. Di–So 10–17 Uhr,
Mai–Sept. Di–So 10–18 Uhr
Einkehrmöglichkeiten in der Stadt
! Schloss: Gemäldesammlung, Wedgewood-Keramik, Antiken, Möbel, Kleinkunst
Gotisches Haus: Gemälde, Möbel, Glasgemälde,
Pantheon: Antikensammlung, Floratempel, Venustempel, Synagoge, Villa Hamilton (alle 18. Jh.), 19 unterschiedlich gestaltete Brücken

Zeittafel

1769–73 Frühklassizistischer Schlossbau für Fürst Leopold III. Friedrich Franz von Anhalt-Dessau durch Friedrich Wilhelm von Erdmannsdorff

1765–1810 Gestaltung des Parks als englischer Landschaftsgarten

1773–1813 Bau des Gotischen Hauses als Wohnhaus für Fürst Leopold III. Friedrich Franz von Anhalt-Dessau durch Georg Christoph Hesekiel

Schloss Ahrensburg

Herrensitz für einen Großgrundbesitzer: Renaissancejuwel im Schatten der Großstadt

D-22926 Ahrensburg
Lübecker Str. 1
(0 41 02) 4 25 10
FAX (0 41 02) 67 88 31
www.ahrensburg.de
April–Sept. Di–So, außer Fr 11–17 Uhr, Okt.–März Di–So, außer Fr 11–15.30 Uhr
Einkehrmöglichkeit in der Stadt
! Museum der schleswig-holsteinischen Adelskultur, Schlosskirche (16. Jh.), Schlosspark, 24 »Gottesbuden« für hilfsbedürftige Menschen, Schloss im Kerzenschein, Kunst und Kurioses

Zeittafel

1578–95 Renaissance-Wasserschloss für Graf Peter von Rantzau

1760 Spätbarocke Umgestaltung für Heinrich Carl Schimmelmann durch Carl Gottlob Horn

1938/39 Rückbau zum Renaissance-Wasserschloss

1985 Abschluss neuerlicher Renovierungsarbeiten

Vor den Toren Hamburgs idyllisch im grünen Tal der Aue gelegen, erstrahlt das weiße Schloss inmitten einer ausgedehnten englischen Parklandschaft. Im 16. Jh. wurde der Bau als befestigter Herrensitz der Familie Rantzau errichtet. Er gilt als letzte und besterhaltene Schöpfung des »goldenen Rantzauischen Zeitalters«, in dessen Folge das Geschlecht zur Verwaltung seines Grundbesitzes mehr als 70 Herrenhäuser in ganz Schleswig-Holstein baute. Die Anlage folgt mit seinen auf quadratischem Grundriss errichteten Giebelhäusern und den polygonalen Ecktürmen der landestypischen Bautradition befestigter Gutshäuser. Die mit Laternen gekrönten Turmhauben verleihen ihr eine großartige architektonische Leichtigkeit.

! **Hamburg:** Alster, Hafen, Rathausmarkt (19. Jh.), Speicherstadt (19. Jh.), **Lübeck:** Altstadt, Holstentor (15. Jh.), Marienkirche (13./14. Jh.), Rathaus (13.–15. Jh.)
Naturpark Lauenburgische Seen

Schloss Glücksburg

Perle norddeutscher Renaissance: Die »Wiege europäischer Königshäuser«

Mit seinen strahlend weißen Mauern erhebt sich das quadratisch angelegte Wasserschloss über dem See, der bereits im 16. Jh. zum Fischfang aufgestaut wurde. Der markante Backsteinbau gilt als eines der schönsten Beispiele schleswig-holsteinischer Renaissancearchitektur und eines der größten und bedeutendsten Wasserschlösser Europas. Er folgt dem traditionellen Bautyp des norddeutschen Herrenhauses in Form dreier zusammenhängender Giebelhäuser, die hier an vier Ecken durch mächtige Achtecktürme aus Granitstein verstärkt wurden. Die Innenräume wurden nach ihrer besonderen Farbgebung benannt: »Grüne Diele«, »Roter Saal« und »Weißer Saal«. Im 19. Jh. erhielt das Schloss eine Orangerie und ein Planetarium.

! **Flensburg:** Altstadt, Nordertor (16. Jh.), Marienkirche (13.–15. Jh.), Museumsberg, Nikolaikirche (14.–16. Jh.), Schifffahrtsmuseum, **Kappeln:** Museumshafen
Flensburger Förde, Ostsee

D-24960 Glücksburg/Ostsee, Stiftung Schloss Glücksburg
(0 46 31) 22 43
FAX (0 46 31) 24 50
www.schloss-gluecksburg.de
April–Okt. 10–18 Uhr, Nov.–März Sa, So 10–17 Uhr
Schlosskeller, Seeterrasse
! Schlossmuseum: feudale Wohnkultur europäischer Fürstenhäuser mit einer wertvollen Sammlung flandrischer Tapisserien aus dem 17. Jh., Schlosskapelle: Deckenfresken, Konzerte, Schlosspark mit Orangerie

Zeittafel

1582–87 Errichtung an Stelle eines ehem. Zisterzienserklosters für Herzog Johann d. J. zu Schleswig-Holstein-Sonderburg durch Nikolaus Karies

1779 Mit dem Aussterben der älteren Linie der Herzöge von Glücksburg fällt das Schloss an die dänische Krone

1853–63 Umbau zur Residenz für König Friedrich VII. von Dänemark

Ende 19.Jh. Einheiraten der Kinder und Enkel von König Christian IX. von Dänemark in die Königshäuser von England, Griechenland, Norwegen, Russland und Schweden.

Schloss Gottorf

Imposantes Zeugnis absolutistischer Herrschaft: Das dänische Königsschloss an der Schlei

D-24837 Schleswig,
Stiftung Schleswig-Holsteinisches Landesmuseum Schloss Gottorf
(0 46 21) 8 13-0 und -222
FAX (0 46 21) 8 13-555
www.schloss-gottorf.de
April–Okt. 10–18 Uhr, Nov.–März Di–Fr 10–16 Uhr, Sa, So 10–17 Uhr
Café, Restaurant
! Landesmuseum für Kunst und Kulturgeschichte, Archäologisches Landesmuseum,
Fürstengarten: barocke Parkanlage

Zeittafel

1161 Erste Burg für Bischof Occo

1460 Um- und Ausbau für Herzog Christian I. von Oldenburg, König von Dänemark

1530 Bau des Westflügels im Stil der Frührenaissance für Herzog Friedrich I., König von Dänemark

ab 1585 Ausbau zum Renaissanceschloss unter den Herzögen von Schleswig-Holstein-Gottorf

1698–1703 Bau des barocken Südflügels für Herzog Friedrich IV.

Auf einer Festungsinsel in der Schlei, einem Meeresarm der Ostsee, thront idyllisch das ehemalige dänische Königsschloss als größter Profanbau Schleswig-Holsteins. Einst Stammsitz der Dynastie Oldenburg, deren Familie zeitweilig in Dänemark, Schweden und Russland regierte, wurde die Anlage im 16. Jh. Hauptresidenz der Herzöge von Schleswig-Holstein-Gottorf. Diese schufen aus der einst von Wallanlagen und Bastionen umgebenen Festung eine mächtige Vierflügelanlage der Renaissance und des Hochbarock. In den prachtvollen Räumen sind das Schleswig-Holsteinische sowie das Archäologische Landesmuseum untergebracht. Besonders sehenswert ist die Schlosskapelle von 1590 mit der beheizbaren Betstube der Herzöge.

! **Eckernförde:** Nicolaikirche (15. Jh.), **Schleswig:** Fischerviertel »Holm«, Dom (12.–15. Jh.), Wikingermuseum Haithabu
Schlei, Naturpark Hüttener Berge, Ostsee

Wartburg

»Ein' feste Burg« im Herzen Deutschlands: Schauplatz tausendjähriger Kulturgeschichte

THÜRINGEN

Die das weite Land beherrschende Burg gilt dank ihrer geschichtsträchtigen Vergangenheit als bedeutendes Nationaldenkmal und »deutscheste aller deutschen Burgen«: Hier fand 1206 der legendäre Sängerwettstreit statt, der Richard Wagner rund 670 Jahre später zur Oper »Tannhäuser« inspirierte. Hier lebte 1211–27 die ungarische Königstochter Elisabeth von Thüringen, die dank ihres charitativen Engagements schon kurz nach ihrem frühen Tod 1235 in Marburg heilig gesprochen wurde. Verkleidet als Junker Jörg übersetzte hier 1521 der Reformator Martin Luther unter kurfürstlichem Schutz das Neue Testament ins sächsische Kanzleideutsch und schuf damit eine wichtige Grundlage für die einheitliche neuhochdeutsche Schriftsprache. Schließlich feierten hier 1817 Studenten mit dem Wartburgfest den patriotischen Aufbruch.

Das imposante Bild mit massigem Bergfried, romanischem Palas und fachwerkgesäumtem Elisabethengang oberhalb der Wehrmauer prägt die charakteristische Erscheinung der wehrhaften Festung. Das dreitorige Torhaus führt in den von Fachwerkbauten aus dem 14. bis 16. Jh. umschlossenen Burghof der Vorburg. Der Elisabethengang an der Ostseite wurde der mächtigen Wehrmauer aufgesetzt. Die gegenüberliegende Vogtei, in dessen zweitem Stock Martin Luther lebte und arbei-

Zeittafel

1067 Gründung als Territorialburg für Graf Ludwig den Springer

1157–77 Ausbau und Entstehung des romanischen Palas unter Landgraf Ludwig II. von Thüringen

14.–16. Jh. Entstehung der Fachwerkbauten

18. Jh. Beginnender Verfall

1838–90 Wiederherstellung im historisierenden Stil unter Großherzog Carl Alexander von Sachsen-Weimar-Eisenach mit Fresken von Moritz von Schwind

tete, erhielt 1872 ihren reizvollen »Nürnberger Erker«.

Der zweite Burghof gewährt den Zugang zu den Bauten der Hauptburg. Neben der im 19. Jh. angebauten neuen Kementate liegt der dreigeschossige Palas, der mit seinem Bogenwerk aus dem frühen 13. Jh. als besterhaltener romanischer Profanbau nördlich der Alpen gilt. In ihm befindet sich neben der Elisabethkemenate mit dem Landgrafenzimmer der vermutlich älteste Raum der Burg. Der berühmte Sängersaal im zweiten Stock birgt ein großes Fresko, das den Sängerkrieg auf der Wartburg darstellt. Überragt wird die Anlage vom markanten Bergfried aus dem 19. Jh.

! Bachhaus, Georgenkirche (12.–16. Jh.), Lutherhaus (15. Jh.), Marktplatz, Nikolai- und Predigerkirche (beide 13. Jh.), Residenzschloss (18. Jh.), Rathaus (16. Jh.)
Hainich, Eichsfeld-Hainich-Werratal

D-99817 Eisenach,
Wartburg-Stiftung, Auf der Wartburg
(0 36 91) 25 00
FAX (0 36 91) 20 33 42
www.wartburg-eisenach.de
März–Okt. 8.30–17 Uhr,
Burgtor bis 20 Uhr,
Nov.–Feb. 9–15.30 Uhr,
Burgtor bis 17 Uhr
Burg-Café, Wartburg-Hotel:
Wappensaal, Jägerzimmer,
Landgrafenstube, Kaminzimmer
! Führungen durch den Palas,
Wartburgmuseum, Lutherstube,
Konzerte, historische Burgfeste,
Gottesdienste

TOP TEN

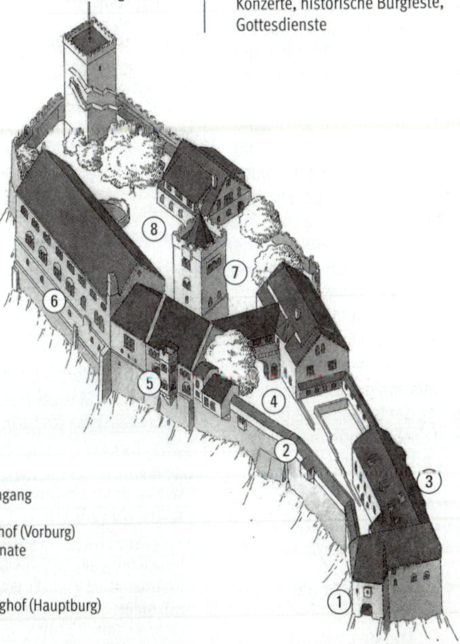

1 Torhaus
2 Elisabethengang
3 Vogtei
4 Erster Burghof (Vorburg)
5 Neue Kemenate
6 Palas
7 Bergfried
8 Zweiter Burghof (Hauptburg)

Residenzschloss Weimar

Die Wiege der deutschen Klassik an der Ilm: Goethes klassizistische Residenz in Weimar

THÜRINGEN

Ältestes Gebäude im Herzen der »Hauptstadt der Dichter und Denker« ist der mittelalterliche Rundturm mit seinem barocken Oberbau, der sich zwischen dem einstigen Torhaus »Bastille« und dem klassizistischen Residenzschloss erhebt. Der dreiflügelige Bau mit geschossübergreifenden Pilastern wurde zu Beginn des 20. Jh. durch Hinzufügung eines südlichen Querbaus zur Vierflügelanlage. Der Eingang wird durch eine Säulenhalle mit aufgesetzter Balustrade und einen balustrierten Dachaufsatz betont. Johann Wolfgang von Goethe war als Vorsitzender der Schlossbaukommission maßgeblich bei der Gestaltung der Innenräume beteiligt: Das Gentz'sche Treppenhaus gilt als Meisterwerk des Klassizismus.

! **Erfurt:** Anger, Dom (12.–15. Jh.), Fischmarkt, Krämerbrücke (14. Jh.), St.-Severi (14. Jh.) **Weimar:** Dt. Nationaltheater (20. Jh.), Goethe-, Schiller- und Goethes Gartenhaus, Schloss Belvedere (alle 18. Jh.)

D-99423 Weimar
Burgplatz 4
(0 36 43) 5 45-401/-402/-403
FAX (0 36 43) 41 98 16
www.swkk.de
www.thueringen.de/schloesser
April–Okt. Di–So 10–18 Uhr, Nov.–März Di–So 10–16.30 Uhr
Einkehrmöglichkeiten in der Stadt
! Schlossmuseum: Sitz der Stiftung Weimarer Klassik und Kunstsammlungen

Zeittafel

1439 Wasserburg mit Rundturm

1550 Renaissanceumbau der »Bastille« für die Kurfürsten von Sachsen

1618–62 Neubau als Barockresidenz für Herzog Wilhelm IV. von Sachsen-Weimar durch Giovanni Bonalino und Johann Moritz Richter

1789–1803 Neubau als klassizistische Residenz für Herzog Carl August von Sachsen-Weimar und Eisenach durch J. A. Arens, Nikolaus Friedrich von Thouret und Heinrich Gentz

1914 Anbau des Südflügels

Haut-Kœnigsbourg/Hochkönigsburg

Westlichstes Machtsymbol des Kaiserreiches: Alte Pracht und Herrlichkeit in den Vogesen

✉ F-67600 Orschwiller
route du Haut-Kœnigsbourg
☎ 03 88 82 50 60
FAX 03 88 82 50 68
🌐 www.monum.fr/m_koenigsbourg
www.badenpage.de/alsace/haut-koenigsbourg/
🕒 Juni–Aug. 9.30–18.30 Uhr,
April, Mai, Sept. 9.30–17.30 Uhr,
März, Okt. 9.45–17 Uhr,
Nov.–Feb. 9.45–12 und 13–17 Uhr
🍴 Restaurant
❗ Artillerietürme, innerer Graben, Palas mit Vorrats- und Waffenkammern, Festsälen, Burgkapelle und Schlafgemächern

Zeittafel

12. Jh. Stauferburg für Kaiser Friedrich I. Barbarossa

1462 Zerstörung

1480–1533 Wiederaufbau für die Herren von Thierstein als Lehen der Habsburger

1633 Zerstörung durch schwedische Truppen

1900–08 Wiederaufbau im neoromanischen Stil für Kaiser Wilhelm II. von Preußen durch Bodo Ebhardt

Auf einem Kegelberg hoch über den elsässischen Weinbergen thronend, beherrscht die Burg die Silhouette der Vogesen – mit weitem Blick über die Rheinebene bis hin zum Schwarzwald und zu den Alpen. Mit ihren langen, rötlich schimmernden Sandsteinmauern wirkt die Anlage wie das Ideal einer mittelalterlichen Stauferburg. Sie wurde von Kaiser Wilhelm II. von Preußen als Sinnbild der Wiederbelebung historischer Macht und Größe restauriert. Die Burg erhielt mit romanischen Bauformen wieder eine »deutsche Baugestalt«: Ringmauern, Bergfried und Palas sind atemberaubende Nachbildungen mittelalterlicher Architektur als Gegenentwurf zum gotischen Stil des preußischen »Erzfeinds« Frankreich.

❗ **Colmar:** Maison Pfister, Musée d' Unterlinden, Petite-Venise, **Riquewihr:** Grand' Rue mit Fachwerk- und Steinhäusern, **Sélestat:** Bibliothèque Humaniste
🚶 Ballons des Vosges, Route des Crêtes

Burg Runkelstein

Wachsame »Bilderburg« auf bizarrem Fels: Ein Spiegelkabinett ritterlicher Tugenden

SÜDTIROL

Die fast abenteuerlich auf einem dreiseitig vorspringenden Fels gelegene Burg bewachte hier an der Mündung der Sarner Schlucht einst den Zugang zum Sarntal. Hinter einem mit aller wehrtechnischen Raffinesse ausgestatteten Torbau liegt der Burghof, an dessen rechter Seite sich mit dem Ostpalas, der Burgkapelle und der alten Küche die ältesten Bauteile der Anlage befinden. Den Westpalas und das Sommerhaus schmücken über mehrere Stockwerke großflächige Wandmalereien, die als weltgrößter profaner Freskenzyklus der Gotik gelten: Die prachtvollen Bilder illustrieren mit schier grenzenloser Fantasie das ritterliche Ideal der höfischen Gesellschaft bei der Jagd, beim Turnier und anderem Zeitvertreib.

! Bozen: Altstadt, Benediktinerstift Muri-Gries, Dom (14. Jh.), Dominikanerkloster (13. Jh.), Südtiroler Archäologiemuseum
Ritten, Sarntal, Sarntaler Alpen mit Durnholzer Tal

I-39100 Bozen
Schloss-Ried-Str. 15
(04 71) 32 98 08
FAX (04 71) 32 40 26
www.gemeinde.bozen.it/runkelstein
www.sudtirol.com/bolzano
Di–So 10–18 Uhr
Burgschänke
! Freskenzyklus, Konzerte

Zeittafel

1237 Erste Burg für die Gebrüder Friedrich und Beral von Wangen

1385 Um- und Ausbau für die Bozener Bürger Niklas und Franz Vintler

1502 Ausbau und erste Restaurierung des Freskenzyklus unter Kaiser Maximilian I.

1868 Einsturz der nördlichen Burgmauer

1884 Erneute Restaurierung unter Kaiser Franz Joseph I.

Schloss Tirol

»Keimzelle und Herzkammer« des Landes: Der großartige Stammsitz der Grafen von Tirol

I-39019 Dorf Tirol
Via Castello 24
(04 73) 22 02 21
FAX (04 73) 22 11 32
www.schlosstirol.it
www.dorf-tirol.it
www.meran-tirol-algund.com
März–Nov. Di–So 10–17 Uhr
Wirtschaft Schloss Tirol
! Südtiroler Landesmuseum für Kultur- und Landesgeschichte, Museumsparcours mit Informationen über ereignisreiche Stationen des 20. Jh. in Südtirol

Zeittafel

1140–60 Erste Burg der Grafen von Tirol

um 1170 Bau der Burgkapelle mit reich ornamentiertem Portal

seit 15. Jh. Niedergang der Burg

1882–98 Wiederaufbau und willkürliche Umformung

ab 1973 Wiederherstellung der historischen Bausubstanz

In beherrschender Position über dem Talkessel von Meran liegt der imposante Stammsitz der Grafen von Tirol, denen das »Land im Gebirge« seinen Namen verdankt. Die Landesherren bauten die Residenz als mittelalterliches Zentrum ihrer Herrschaft zur größten und bedeutendsten Burganlage Tirols aus. Doch bereits 1420 verlagerte sich die politische Macht in die neue Hauptstadt Innsbruck, und Schloss Tirol verfiel über die Jahrhunderte. Die erst im 20. Jh. wieder hergestellte Anlage wird von einem wuchtigen Bergfried überragt, an den sich westlich Wirtschaftsgebäude und östlich hinter dem Mushaus und einem Wehrgang der Ostpalas mit romanischer Burgkapelle anschließen. Im Süden liegt der stattliche Südpalas.

! **Gratsch:** St. Peter (9. Jh.), **Meran:** Kurhaus (20. Jh.), Landesfürstl. Burg (15. Jh.), Schloss Trauttmansdorff, **Naturns:** Schloss Juval (12. Jh.), **Schenna:** Schloss (14. Jh.)
Texelgruppe, Ötztaler Alpen, Passeiertal

Burg Hocheppan

Ritterburgen zwischen Reben und Felsen: Das Eppaner Burgentriumvirat im Etschtal

SÜDTIROL

Nördlich von Schloss Korb und der Burgruine Boymont liegt die wuchtige Burg Hocheppan im Schatten der Gantkofelwand mit weitem Blick über das Etschtal von Bozen bis Meran. Die Grafen von Eppan galten als mächtigste Konkurrenten der Tiroler Grafen, was die Bauform der Anlage eindrucksvoll belegt: Ihre stolzen Türme und Mauern bilden ein in sich geschlossenes wehrhaftes Ensemble auf steilen Felwänden. Kern der Anlage ist der Burghof, um den sich der einzigartige fünfeckige Bergfried, der im 13. Jh. erweiterte Palas und die Burgkapelle gruppieren. Darin befinden sich romanische Freskenmalereien, bei denen sich in einzigartiger Weise byzantinische Strenge mit weltlicher Daseinsfreude verbinden.

! **Eppan:** Schlösser Boymont und Korb (13. Jh.), **Kaltern:** Südtiroler Weinmuseum, **Neumarkt:** Altstadt, **Salurn:** Haderburg, **Tramin:** St. Julietta und Quiricus (15. Jh.)
Dolomiten, Etschtal, Südtiroler Weinstr.

I-39057 Eppan
(04 71) 63 60 81
FAX (04 71) 63 60 81
www.eppan.net
www.suedtirols-sueden.bz.it
www.weinstrasse.com
April–Nov. Do–Di 10–18 Uhr, Mitte Sept.–Mitte Okt. 10–18 Uhr
Burgschänke
! Romanischer Freskenzyklus in der Burgkapelle

Zeittafel

12. Jh. Erste Burg für Graf Ulrich von Eppan

um 1200 Um- und Ausbau sowie Errichtung der Burgkapelle

um 1500 Ausbau zur mächtigen Festung

seit 1911 Übergang an die Grafen Enzenberg

Burg Taufers

Mächtige Festung vor hochalpiner Kulisse: Eine imposante Barriere des Ahrntals

- I-39032 Sand in Taufers
- (04 74) 67 80 53
- FAX (04 74) 67 85 43
- www.taufers.com
  www.burgeninstitut.com
  www.pustertal.com
- Mitte Juni–Okt. 10–16.30 Uhr, Weihnachten–Mitte Juni Di, Fr, So 15 Uhr, Mitte Juli–Aug. 10–17 Uhr
- Burgcafé
- ! Burgkapelle mit gotischen Fresken von Friedrich Pacher und romanischem Kruzifix (13. Jh.)

Zeittafel

1225 Erste Burg als Dynastenburg für die Herren von Taufers

1315 Übergang der Herrschaft Taufers an die Grafen von Tirol

1480 Gotischer Um- und Ausbau mit Vorwerken (Tortürme) für die Brixner Bischöfe

Als eine der mächtigsten und größten Festungsanlagen Tirols liegt die Burg am Eingang des engen Ahrntals vor der grandiosen Szenerie der Zillertaler Alpen. Älteste Bauteile sind der Wohnturm und der wuchtige, aus drei Meter starken Mauern errichtete Bergfried. Dieser deckt gemeinsam mit dem Rondell den nach innen offenen Torturm, hinter dem sich der wehrtechnisch raffinierte Zwinger befindet: Von drei Seiten konnten die Feinde unter Beschuss genommen werden. Um den geräumigen Burghof gruppieren sich hinter einer teils zwei Meter starken Mantelmauer weitere Gebäude, die in ihren 64 teils holzvertäfelten und von Kachelöfen beheizten Räumen die höfische Wohnkultur dokumentieren.

! **Bruneck: Schloss (16. Jh.), St. Ursula (15. Jh.), Stadtbefestigung (14. Jh.), Dietenheim: Volkskundemuseum**

Ahrntal, Riesenfernergruppe, Pustertal, Zillertaler Alpen

Churburg

Stolze Krone der Südtiroler Burgen: Ein Renaissanceschloss im Vinschgau

SÜDTIROL

Am Sonnenhang im Herzen des Vinschgaus gelegen, überragt und bewacht die zinnenbekrönte Churburg als einstiges Bollwerk der Habsburger gegen die kriegerischen Eidgenossen das gesamte Etschtal. Seit 500 Jahren im Besitz der Grafen von Trapp, gilt sie als schönste und besterhaltene Burg Südtirols. Der repräsentative Adelssitz erhielt sein heutiges Aussehen im 16. Jh., als die wehrhafte Burganlage zum prachtvollen Renaissanceschloss umgebaut wurde. Prunkstück ist der reich bemalte dreigeschossige Loggienhof, dessen Arkaden auf 16 unterschiedlich gestalteten Marmorsäulen ruhen. Die Rüstkammer birgt Europas größte private Waffen- und Rüstungssammlung.

! **Burgeis:** Kloster Marienberg (12.–17. Jh.), **Glurns:** Altstadt, **Mals:** San Benedikt (9. Jh.), **Matscher Tal:** Ruinen Ober- und Untermatsch
Stilfser Joch, Ötztaler Alpen, Ortlergruppe, Vinschgau

I-39020 Schluderns
Churburg 1
(04 73) 61 52 41
FAX (04 73) 61 51 13
www.churburg.com
www.vinschgau.suedtirol.com
www.schluderns.suedtirol.com
20. März–Okt. Di–So 10–12 und 14.–16.30 Uhr
Zur Alten Mühle
! Rüstkammer: Waffen- und Rüstungssammlung, Loggienhof mit Stammbaum als Deckenfresko, Baldachinorgel, romanische Schlosskapelle, Matscher Saal, Jakobzimmer

Zeittafel

1253 Erste Burg für den Bischof von Chur Heinrich IV. von Montfort

1297 Besitzübernahme durch die Vögte von Matsch

1504 Übergang an die aus der Südsteiermark stammenden Grafen von Trapp

1537–80 Um- und Ausbau zum Renaissanceschloss für die Grafen von Trapp

1898 Einrichtung der Rüstkammer im ehemaligen Futterstall durch Graf Gotthard von Trapp

Trostburg

Markstein an der Pforte zum Grödner Tal: Stammsitz der Grafen von Wolkenstein

I-39042 Waidbruck
(04 71) 65 44 01
FAX (04 71) 98 22 55
www.burgeninstitut.com
Ostern–Okt. Di–So 11–15 Uhr, Juli, Aug. Di–So 10–16 Uhr
Oberfinserhof
! Großer Saal, Innenhof, Gotische Stube, Burgenmodellausstellung, größte Torgge (Weinpresse) Südtirols

Zeittafel

1173 Erste Burg der Herren von Trostburg

1243 Neubau für die Herren von Velthurns

ab 1385 Um- und Ausbau für die Herren von Wolkenstein-Trostburg

1594–1632 Aus- und Umbau zur Renaissancefestung für Graf Engelhard Dietrich von Wolkenstein-Trostburg

seit 1967 Sitz des Südtiroler Burgeninstituts

Als beherrschendes Wahrzeichen des Eisacktals thront die Trostburg auf einem malerisch exponierten Bergsporn hoch über dem Fluss unweit der Mündung des Grödner Bachs. Knapp 600 Jahre war die natürlich geschützte Anlage im Besitz der Familie, aus der der Minnesänger Oswald von Wolkenstein hervorging. Der Autor deftiger Liebeslieder und herber Weltbetrachtungen soll hier seine Jugendjahre verbracht haben. Historischer Kern der Burg sind der romanische Palas, die innere Toranlage und der wuchtige Bergfried. Die Geschützrondelle, Sperrmauern und Batterietürme aus dem 17. Jh. sind eindrucksvoll inszenierte kulissenhafte Dekoration mit geringer wehrtechnischer Bedeutung.

! **Brixen:** Dom (12. Jh.), Hofburg mit Diözesanmuseum (13.–18. Jh.), **Feldthurns:** Schloss (16. Jh.), **Klausen:** Kloster Säben (17. Jh.), **Vahrn:** Kloster Neustift (12.–18. Jh.)
Eisacktal, Grödner Tal, Ritten, Seiser Alm

SÜDTIROL

Schloss Vaduz

Mittelalterliche Festung als fürstliche Residenz: Das Symbol der Souveränität Liechtensteins

An den Ausläufern des Rätikons hoch über dem Tal des Alpenrheins zwischen Österreich und der Schweiz gelegen, ist das Schloss des Zwergstaates Liechtenstein seit dem 15. Jh. im Besitz und seit 1939 ständiger Wohnsitz der souveränen Fürstenfamilie. Den ältesten Teil der Anlage bilden der Bergfried und die Befestigungsbauten an der Ostseite. Im späten Mittelalter wurde die Kapelle errichtet. Nach den Zerstörungen Ende des 15. Jh. erhielt die Burg die beiden Rundbastionen im Nordosten und Südwesten. 1712 erwarb der aus einem niederösterreichischen Adelsgeschlecht stammende Johann Adam Andreas von Liechtenstein die Grafschaft, die 1719 durch Kaiser Karl VI. zum reichsunmittelbaren Fürstentum erhoben wurde.

! **Balzers:** Burg Gutenberg (13. Jh.), **Schaan:** Römisches Kastell (4. Jh.), **Schellenberg:** Burgruine (13. Jh.), **Vaduz:** Briefmarken- und Kunstmuseum
Malbun-Tal, Rätikon, Rheintal

FL-9490 Vaduz
Städtle 37,
Liechtenstein Tourismus
(0 04 23) 2 39 63-00
FAX (0 04 23) 2 39 63-01
www.tourismus.li
www.liechtenstein.li
nicht zugänglich, Besichtigung nur von außen möglich
Einkehrmöglichkeiten in der Stadt

Zeittafel

12. Jh. Erste Burg

1499 Zerstörung durch die Eidgenossen im Schwabenkrieg

16. Jh. Ausbau zur Festung mit Rundbastionen

17. Jh. Erweiterung der Westseite

1905–12 Wiederaufbau im Stil des 16. Jh.

seit 1939 Residenz der Fürsten von Liechtenstein

Burg Vianden

Größte Befestigungsanlage Luxemburgs: Ein spätromanisches Juwel in den Ardennen

L-9401 Vianden,
Les Amis du Château du Vianden, asbl
b.p. 26
(+352) 83 41 08-1
FAX (+352) 84 92 84
www.castle-vianden.lu
Jan., Feb., Nov., Dez. 10–16 Uhr,
März, Okt. 10–17 Uhr,
April–Sept. 10–18 Uhr
Einkehrmöglichkeiten in der Stadt
! Ausstellungen, Konzerte, Theateraufführungen, Mittelalterfest (Anfang Aug.)

Am Ufer des deutsch-luxemburgischen Grenzflusses Our steht die imposante Burg der bis 1264 reichsunmittelbaren Herrschaft Vianden – eine der größten Befestigungsanlagen der spätromanischen Zeit und Hauptdenkmal der niederrheinisch-maasländischen Architektur. Charakteristisches Merkmal der Burg ist die hohe gotische Bedachung mit ihren drei gewaltigen Treppengiebeln. Auf einem Felssporn über der Our schiebt sich die Burgkapelle am weitesten nach Süden vor. An sie schließen Kleiner und Großer Palas an, dessen Stirnseite von zwei runden Kantentürmen flankiert wird. Der vorgelagerte Weiße Turm deckte den Hauptzugang der Burg, der durch einen mehrfach gesicherten Zwinger zur Vorburg führt.

! **Beaufort:** Burg (13.–16. Jh.), **Bourscheid:** Burg (14./15. Jh.), **Clerveaux:** Burg (12. Jh.), **Luxembourg:** Altstadt, Großherzoglicher Palast (16.–18 Jh.)
Deutsch-Luxemburgischer Naturpark

Zeittafel

1090 Erste Burg für Graf Bertolph von Vianden

1264 Ausbau für die Grafen von Luxemburg

1417 Um- und Ausbau für Graf Engelbert von Nassau-Dillenburg

1615/16 Festungsartiger Ausbau

1794 Aufhebung der Grafschaft durch französische Besetzung

1827 Besitz König Wilhelm I., Prinz von Oranien-Nassau und Großherzog von Luxemburg

LUXEMBURG

Schloss Esterházy

Klangvolles Haydn-Schloss der Esterházys: Die Verwandlung einer ungarischen Grenzfeste

BURGENLAND

Die massiven Mauern der mächtigen quadratischen Vierflügelburg verwandelten sich unter Fürst Paul I. Esterházy, Angehöriger eines der einflussreichsten Geschlechter der Habsburger Monarchie, in eine prachtvolle Schlossanlage: Statt der Türme ragen auf den Eckrisaliten aufgesetzte Pavillons über die großartig mit Pilastern gegliederte ockergelbe Fassade. Meister der Stuckdekorationen voller »barbarischer Pracht« mit ihren 18 Büsten ungarischer Heerführer und den originellen Fratzen am Gesims war Andrea Partinaldi. 1803–09 erhielt das Schloss mit dem Haydnsaal einen der weltweit in seiner Akustik besten Konzertsäle für die alljährlichen Festspiele zu Ehren von Joseph Haydn, der hier ab 1766 Kapellmeister war.

! **Eisenstadt:** Bergkirche mit Kalvarienberg (18. Jh.), Haydn-Museum (18. Jh.), **Mörbisch a. See:** Ortsbild, **Raiding:** Liszt-Haus (18. Jh.), **Rust:** Altstadt
Leithagebirge, Neusiedler See

A-7000 Eisenstadt, Schloss Esterházy Management
(0 26 82) 7 19-0
FAX (0 26 82) 7 19-32 23
www.schloss-esterhazy.at
April–11. Nov. 8–18 Uhr, 12. Nov.–März Mo–Fr 8–17 Uhr
Einkehrmöglichkeiten in der Stadt
! Museum, Konzerte, Fürstlich Esterházy'sches Schlossweingut, Landesgalerie, Internationale Haydnfestspiele (Sept.), Kinderkulturprogramm, Schlosspark mit Leopoldinentempel

Zeittafel

13. Jh. Vierflügelige Burg als westungarische Grenzfestung

1445 Übergang an die Grafen von Hardegg als Habsburger Lehen

1663–72 Umbau zur Barockresidenz für Fürst Paul I. Esterházy durch Carlo Martione Carlone

1790–94 Bau der Stall- und Hauptwachgebäude

1803–09 Klassizistischer Umbau für Fürst Nikolaus II. von Esterházy durch Charles Moreau

Burg Forchtenstein

Markantes Wahrzeichen des Burgenlandes: »Familientresor« und Zeughaus der Esterházys

A-7212 Forchtenstein
Melinda Esterházy Platz 1,
Privatstiftung
(0 26 26) 8 12 12
FAX (0 26 26) 8 15 11-13
www.burg-forchtenstein.at
April–Okt. 9–18 Uhr
Café
! Fürstlich Esterházy'sche Sammlungen mit Schatzkammer (Kunst- und Wunderkammer), Bildergalerie (Ahnen- und Schlachtengemälde) und Zeughaus (Waffen und Rüstungen der Esterházy'schen Truppen, Beutestücke), Sonderveranstaltung lt. Programm

Auf steilem Felsen am Hang des Rosaliengebirges liegt die von einem mächtigen Bergfried dominierte, fast quadratische Burganlage, die im 17. Jh. gegen die drohenden Angriffe der Türken mit einem Bastionengürtel verstärkt wurde. Daneben erhielt die Anlage einen repräsentativen Palas, dessen Wandmalereien im Innenhof die siegreichen Türkenkriege der Esterházys sowie Porträts antiker Kaiser und Habsburger zeigen. Der 142 Meter tiefe »Türkenbrunnen« wurde 1630–37 in den Fels geschlagen. Die Fürstlich Esterházy'schen Sammlungen gehören mit über 20 000 Exponaten zu den größten Privatsammlungen Europas. Von der Burg aus hat man einen grandiosen Ausblick über das Wulkatal – bis hin zum Neusiedler See.

! **Wiener Neustadt:** Dom (13./14. Jh.), Ehem. Burg, Hauptplatz mit Rathaus (15.– 19. Jh.), **Seebenstein:** Bergschloss (11. Jh.) und Türkensturz (19. Jh.)
Neusiedler See, Rotweinstraße

Zeittafel

1294 Wohnturm auf der westlichen Seite des Burghofes für die Grafen von Mattersdorf

1626 Um- und Ausbau zur Festung für Palatin Graf Nikolaus Esterházy

1652–92 Ausbau der Festung und Umbau des Hochschlosses für Fürst Paul I. Esterházy durch Simone Retacco

Burg Hochosterwitz

Idealburg Österreichs und Symbol Kärntens: Die einzigartige Bergfestung der 14 Tore

KÄRNTEN

Bereits in römischer Zeit wurde der steil aus der Ebene aufragende Felskegel als Aussichtsplateau mit Kastell zum Schutze der Umgebung genutzt. Aus der mittelalterlichen Bergfriedburg entwickelte sich eine eindrucksvolle neuzeitliche Festungsanlage. Ihre 14 charakteristischen Tore und drei Gräben sicherten den steilen Burgweg, der sich zur Hochburg um den mächtigen Felsen windet: Jedes dieser Tore wurde mit raffinierten Fallen und unüberwindlichen Hindernissen ausgestattet, die eine Eroberung unmöglich machten. Die Hochburg wird von einer zinnenbekrönten Mauer und drei mächtigen Rundtürmen umgeben. Im Inneren befinden sich Burghof und -kapelle, etwas unterhalb der Hochburg liegt die Burgkirche.

! **Klagenfurt:** Altstadt, Dom (16.–18. Jh.), Landhaus (16. Jh.), **Friesach:** Stadtbefestigung, **St. Veit:** Altstadt, Schloss Frauenstein (16. Jh.), **Maria Saal:** Stiftskirche (15. Jh.)
Kärtner Seengebiet, Magdalensberg

A-9314 Launsdorf
(0 42 13) 20 20
FAX (0 42 13) 20 20-16
www.burg-hochosterwitz.or.at
April–Okt. 9–17 Uhr,
Mai–Sept. 8–18 Uhr
Burgrestaurant
! Burgmuseum mit Rüstungen etc. sowie Bilder und Schriftstücke aus dem Mittelalter

Zeittafel

860 Erste Erwähnung als Besitzung des Erzbischofs von Salzburg

13.–15 Jh. Ausbau mit Bergfried und zwei Befestigungstoren für die Herren von Osterwitz

ab 1541 Ausbau mit Bastionen für Landeshauptmann Christoph Khevenhüller vermutlich durch Domenico dell'Aglio

1571–86 Ausbau zur Grenzfestung für Landeshauptmann Freiherr Georg Khevenhüller

Schloss Grafenegg

Stein gewordener Traum höfischer Kultur: Ein englisches Schloss im Donautal

A-3485 Haitzendorf
(0 27 35) 22 05-22
FAX (0 27 35) 22 05-10
www.grafenegg.at
April–Okt. Mi–So 10–17 Uhr
Restaurant
! Kongresse, Konzerte, Lesungen, Ausstellungen, »Grafenegger Advent«

Zeittafel

1294 Befestigter Wirtschaftshof

15. Jh. Um- und Ausbau für Ulrich von Grafeneck

ab 1738 Renaissanceausbau für Graf Breuner

1846–53 Historistischer Umbau im Stil englischer Schlösser für Graf August Johann Ferdinand von Breuner-Enckevoirt durch Leopold Ernst

Als bedeutendstes Beispiel des romantischen Historismus in Österreich erhebt sich Schloss Grafenegg inmitten einer großartigen Parkanlage aus der Ebene des Tullner Feldes im Donautal. Als Ausdruck des träumerischen Zeitgeschmacks der »Wiener Ringstraßenepoche« erhielt das einstige Renaissance-Wasserschloss mit seinem von Galerie und Türmchen eingefassten Bergfried, den Treppengiebeln, Erkern und Arkaden eine neugotische Gestalt. Herzstück ist der Rittersaal, ein mit einer prächtigen Kassettendecke ausgestatteter Raum, der wie der Wappensaal zugleich englische Vorbilder und ritterliche Tugenden zitiert. Auch die benachbarte Schlosskapelle ist mit ihrem herrlichen Gewölbe ein Kleinod der Neugotik.

! **Dürnstein:** Burg (12. Jh.), Pfarrkirche (18. Jh.), **Krems:** Altstadt, Piaristenkirche (15./16. Jh.), Weinstadtmuseum, **St. Pölten:** Dom (12.–17. Jh.), **Stein:** Altstadt
Kamptal, Kremstal, Wachau

NIEDERÖSTERREICH

Burg Heidenreichstein

Unzerstörte Festung an der böhmischen Grenze: Die schönste Wasserburg in Österreich

NIEDERÖSTERREICH

Auf einem Granitfelsen inmitten des Hausteichs, des Romaubachs und zwei künstlichen Gräben gelegen, bietet die vierflügelige Wasserburg einen malerisch-wehrhaften Anblick. Zwei hintereinander liegende Torbauten mit Zugbrücken und ein prächtiges Renaissancetor führen zur mächtigen Burg, die von runden Ecktürmen mit kegelförmigen, teils vorkragenden Dächern eingefasst wird. Kern und ältester Teil der Anlage ist der 40 Meter hohe, mächtige Bergfried, dessen Einstieg sich in 14 Meter Höhe befindet. Der freundliche Burghof zeigt schöne Arkaden, eine Zisterne und zwei vorgestellte Spindeltreppentürme. Ein großer Kamin, vorspringende Abtritte und Schornsteine dokumentieren den Wunsch nach mehr Wohnkomfort.

! **Gmünd:** Altstadt mit Altem Rathaus, Sgraffitohäuser (alle 16. Jh.), **Waidhofen a. d. Thaya:** Altstadt mit Rathaus (14.–16. Jh.), Pfarrkirche, **Weitra:** Schloss (16. Jh.)
Waldviertel, Waldviertler Textilstraße

A-3860 Heidenreichstein,
Kinsky'sches Forstamt
Schremserstr. 1
(0 28 62) 5 22-68
FAX (0 28 62) 5 22-685
www.heidenreichstein.at
www.kinsky-heidenreichstein.at
www.tiscover.at/heidenreichstein
Mitte April–Mitte Okt. Di–So 9–16 Uhr
Einkehrmöglichkeiten in der Stadt
! Einrichtung aus den verschiedensten Zeitepochen: u. a. ein gotischer Schrank, eine tausendjährige Tischplatte und unzählige Truhen, Tische und Stühle aus der Gotik, der Renaissance- und Barockzeit

Zeittafel

1160 Erste Burg mit hohem Bergfried für Burggraf von Gars-Eggenburg

15./16. Jh. Aus- und Umbau für die Grafen von Puechheim

18. Jh. Sitz der Fürsten von Pálffy

seit 1947 Sitz der Grafen van der Straten-Ponthoz

seit 1961 Sitz der Grafen von Kinsky

Schloss Schallaburg

Gotische Mauern schützen das antike Arkadien: Eine meisterhafte Komposition der Renaissance

A-3382 Loosdorf bei Melk
Schallaburg 1
(0 27 54) 63 17
FAX (0 27 54) 63 17-55
www.schallaburg.at
Mai–Okt. Mo–Fr 9–17 Uhr, Sa, So 9–18 Uhr
Schlossrestaurant und Café im großen Arkadenhof
Ausstellungs- und Kulturzentrum des Landes Niederösterreich

In einem Seitental der Donau erhebt sich wie ein römischer Palast inmitten der weiten Alpenlandschaft die imposante Festung, aus der im 16. Jh. ein feudales Renaissanceschloss hervorging. Die einst vollständig von einer fünf Stockwerke hohen und 103 Meter langen Ringmauer umgebene Wohnburg erhielt einen frei stehenden Saalbau, dessen mit über 1600 Terrakotten großartig geschmückter Arkadenhof zu den bedeutendsten Renaissancehöfen Europas zählt: Vielfältige Elemente wie Nischenfiguren, Halbstatuen und Atlanten sowie Flachreliefs mit floralen Motiven huldigen dem antikisierenden Stil der Renaissance und verwandeln den Hof in einen grandiosen Theatersaal, bei dem jede Figur ihre eigene fantastische Geschichte erzählt.

Zeittafel

12. Jh. Erste Burg für die Grafen von Scallach

1242 Gotischer Ausbau für Otto von Ottenstein Graf von Schala

1540–73 Um- und Ausbau im Stil der Renaissance für Graf Wilhelm von Losenstein durch Jakob Bernecker

! **Aggstein:** Burg (12. Jh.), **Artstetten:** Schloss (18. Jh.) mit Erzherzog-Franz-Ferdinand-Museum, **Melk:** Stiftskirche (18. Jh.), **Schönbühel:** Schloss (12.–19. Jh.)
Wachau, Österreichische Römerstraße

NIEDERÖSTERREICH

Burg Rappottenstein

Niemals eroberte Wehrburg im Waldviertel: Ein authentisches Zeugnis des Mittelalters

NIEDERÖSTERREICH

Auf einem Felsen hoch über dem Tal des Kleinen Kamp errichtete Rapoto von Kuenring, der auch Bauherr der sagenumwobenen Burgen Aggstein und Dürnstein im Donautal war, die stolze Wehrburg auf unregelmäßigem Grundriss nach staufischem Vorbild. Die mächtige Festungsanlage mit acht Toren und fünf Höfen wurde nie erobert und gilt deshalb als eine der am besten erhaltenen Burganlagen Österreichs. Sie zeigt zugleich bilderbuchartig sämtliche Bestandteile einer mittelalterlichen Burg. Hinter der äußeren Burgmauer mit Vorburg und von zwei Flankentürmen geschützten Toranlage erhebt sich oberhalb der inneren Burgmauer die Hauptburg mit mächtigem Palas, Bergfried und Burgkapelle aus dem Jahre 1378.

! **Ottenstein:** Burg (12. Jh.), **Rosenau:** Schloss (16.–18. Jh.), **Zwettl:** Stiftskirche mit Kreuzgang (14.–18. Jh.)
Dobra- und Ottensteiner Stausee, Waldviertel

✉ A-3911 Rappottenstein, Traun'sche Forstverwaltung
☎ (0 28 28) 82 50
FAX (0 28 28) 82 50-19
www.burg-rappottenstein.at
Ostern, 15.–30. April Sa und So 10–17 Uhr, Mai–Sept. Di–So 10–17 Uhr, Okt. Sa, So 10–17 Uhr, Besichtigung zu jeder vollen Stunde mit Führung
Burgschänke
! Archivraum und Festsaal mit Fresken

Zeittafel

1157–76 Erste Burg für Rapoto von Kuenring

15. Jh. Aus- und Umbau der Fortifikationen

um 1548 Aus- und Umbau durch Außenhof mit Brauhaus und Renaissancearkaden an der Südseite des Innenhofes

seit 1664 Sitz der Familien Abensperg und Traun

Schloss Riegersburg

Versteckte Schönheit im abgelegenen Winkel: Eine niederösterreichische Perle des Barock

A-2092 Riegersburg
(0 29 16) 4 00
FAX (0 29 16) 4 00-32
www.schloss.riegersburg.at
April–15. Nov. 9–17 Uhr, Juli, Aug. 9–19 Uhr
Cafésalon Kaiserin Maria Theresia mit Seeterrasse im Schloss
! Schlosskonzerte, Sonderausstellungen, antike Herrschaftsküche mit funktionstüchtigen alten Geräten

Das in urwüchsiger Landschaft unmittelbar an der tschechischen Grenze wie ein kostbares Juwel anmutig inmitten einer Parkanlage gelegene Barockpalais gilt als eine der reizvollsten architektonischen Schöpfungen Österreichs. Die Vierflügelanlage mit scheinquadratischem Innenhof besitzt eine prachtvolle Schaufassade, flankiert von zwei quadratischen Eckpavillons, die von wuchtigen Kuppelhelmen abgeschlossen werden. Der fünfachsige Mitteltrakt wird über dem mit dem Wappen der Khevenhüller geschmückten Giebelfeld von einer kolossalen Atlasfigur bekrönt. Die Urnen, Putti und allegorischen Figuren der Dachzone schuf Joseph Kracker. Die Prunkräume und Schlosskapelle zeigen eine noble, aber nicht überladen üppige Ausstattung.

! **Geras:** Stift (12.–17. Jh.), **Hardegg:** Burg (11.–14. Jh.), **Pernegg:** Stift (12. Jh.), **Pulkau:** Pfarrkirche und Karner (13. Jh.), **Retz:** Stadtanlage, Windmühle (18. Jh.)
Nationalpark Thayatal, Waldviertel

Zeittafel

14. Jh. Erste Wasserburg

1568 Um- und Ausbau für Graf Sigmund von Hardegg

1730–42 Um- und Ausbau zum Barockschloss für Reichsgraf Sigismund Friedrich von Khevenhüller durch Franz Anton Pilgram

1742–75 Zweite Phase des barocken Ausbaus für Fürst Johann Josef I. zu Khevenhüller-Metsch

19. Jh. Restaurierung durch Fürst Johann Carl zu Khevenhüller-Metsch

Schloss Greillenstein

Einst protestantische Hochburg im Waldviertel: Das Renaissanceschloss der Kuefsteiner

NIEDERÖSTERREICH

Im Norden der Wälder des Kamptals erhebt sich das gewaltige, quadratisch um einen Ehrenhof angelegte Renaissanceschloss mit seinem wuchtigen Torturm, dessen Kuppelhelm mit Aussichtsplattform von runden Ecktürmchen flankiert wird. Der im Zeitalter des Barock behutsam veränderte Bau, der ursprünglich inmitten des Grabensystems einer mittelalterlichen Festung lag, zeigt vor der mit Säulen und Sprenggiebel geschmückten Tor- und Brückenanlage eine Brüstung, die mit Obelisken und Skulpturen geschmückt ist. Die Steinbalustraden und monumentale Ziervasen im großartigen Arkadenhof schuf Johann Bernhard Fischer von Erlach. Im nie zerstörten Schloss blieben Badeanlage, Bibliothek und Gerichtsstube im Original erhalten.

! **Altenburg:** Abtei (12.–18. Jh.), **Eggenburg:** Stadtanlage, **Gars a. Kamp:** Burg (12. Jh.), St. Gertrud (13. Jh.), **Horn:** Stadtbefestigung, **Rosenburg:** Schloss (12.–16. Jh.)
Kamptal, Waldviertel

A-3592 Röhrenbach
(0 29 89) 80 80 0
FAX (0 29 89) 80 80-13
www.greillenstein.at
April–Okt. 9.30–17 Uhr, Juli–Aug. 9.30–18 Uhr, Nov.–März nach Voranmeldung
! Landgerichtssaal, Kapelle, Konzerte, Schlosspark, Türkensaal

Zeittafel

12. Jh. Erste Burg für die Familie der Grellen

1534 Übergang an den aus der Wachau stammenden Graf Hans Lorenz von Kuefstein

1570–90 Neubau im Stil der Renaissance für Graf Hans Georg III. von Kuefstein

1720 Barocker Umbau für Graf Hans Leopold von Kuefstein

Burg Mauterndorf

Uralte Mautstelle im salzburgischen Lungau: Die Erlebnisburg am Radstädter Tauernpaß

A-5570 Mauterndorf i. Lungau
(0 64 72) 74 26
FAX (0 64 72) 74 26-22
www.salzburg-burgen.at
Mai–Okt. 10–17 Uhr,
Juli, Aug. 10–18 Uhr
Burgschänke, Rittersaal
! »Lust auf Mittelalter« – Erlebniszeitreise für Groß und Klein: Ausstellungen, Lungauer Landschaftsmuseum, Ritterspielplatz, Bergfried

Zeittafel

1253 Erste Burg zum Schutz des Salzburger Domkapitells

1339 Ausbau mit Kapelle

1480–94 Um- und Ausbau zur Festung für Leonhard von Keutschach, Erzbischof von Salzburg

19. Jh. Niedergang zur Ruine

1894 Wiederaufbau von Dr. Hermann von Eppenstein, durch Kaiser Franz Joseph I. als Ritter von Mauternburg geadelt

1968 Übergang in Landesbesitz (Land Salzburg)

An der bereits in römischer Zeit genutzten Nord-Süd-Verbindung über die Alpen entstand 1002 unter König Heinrich II. die erste Mautstation der Ostalpen, die im 13. Jh. in den Besitz des Salzburger Domkapitels gelangte und der Burg ihren Namen gab. Die Erzbischöfe errichteten inmitten der großartigen Alpenlandschaft einen vollendet proportionierten Baukörper, dessen klare Formen mit mächtigem Bergfried und Palas die Burg zu einer der schönsten mittelalterlichen Anlagen Österreichs machen. Oberhalb der gotischen Burgkapelle mit ihren prachtvollen Fresken befindet sich das mit Wandmalereien geschmückte Keutschach-Zimmer. Die Burg bietet heute mit vielen interaktiven Stationen eine Zeitreise ins Mittelalter.

! **Murau:** St. Matthäus (13. Jh.), Schloss (17. Jh.), **Radstadt:** Stadtanlage, **St. Margarethen:** Schloss Moosham (16. Jh.), **Tamsweg:** Marktplatz, St. Leonhard (15. Jh.)
Hohe und Radstädter Tauern

SALZBURG

Festung Hohensalzburg

Unbesiegte Macht der Salzburger Erzbischöfe: Die kolossale Bergfestung im »Rom der Alpen«

Die Festung auf der Hochfläche des Mönchsbergs 120 Meter oberhalb von Salzburg gilt mit ihren gewaltigen Mauern und Türmen aus verschiedenen Stilen und Epochen als größte vollständig erhaltene Burganlage Europas. Von Erzbischof Gebhard I., einem Parteigänger des Papstes im Investiturstreit, zum Schutz vor der kaiserlichen Macht errichtet, entwickelte sich im 15. Jh. aus dem »Alten Schloss« eine kolossale Alpenfestung mit Rundtürmen, Zeughaus und dem Schüttkasten als Vorratskammer für Belagerungsfälle. Mit der militärischen Entwicklung und den drohenden Bauernaufständen wurden im 16. Jh. weitere Aus- und Umbauten der Befestigungsanlage notwendig: Die bestehenden Türme wurden erhöht, die Khuenburgbastei gebaut, der mächtige, wegen der Wendigkeit seiner Geschütze als »Schlangenrondell« bezeichnete Geschützturm errichtet, und zur Versorgung der Festung wurden Zisternen und der so genannte »Reißzug« installiert. Im 17. Jh. erfuhr die Festung neuerliche Ausbauten als Bollwerk gegen die drohende Türkengefahr. Mögliche Angreifer hätten nun zunächst drei Sperrbögen mit Bastionen und Türmen überwinden müssen, bevor sie den bis 1835 durch eine Zugbrücke gesicherten Burggraben erreicht hätten. Ein von der oberen und unteren Nonnbergbastei bewachter Quergang führt von hier zur Rosspforte und in den äußeren Burghof, in dem sich auch die Burgkirche St. Georg befindet.

Zeittafel

1077–1147 Erste Burg für Erzbischof Gebhard I. von Salzburg

1465 Um- und Ausbau für Kardinal Burkhard von Weißpriach

15. Jh. Um- und Ausbau für Bernhard von Rohr und Johann III. von Gran, Erzbischöfe von Salzburg

1501–27 Um- und Ausbau für Leonhard von Keutschach, Erzbischof von Salzburg

Kernstück der Anlage ist das wie eine Festung in der Festung mit Graben und Rundtürmen geschützte »Alte Schloss«, der so genannte »Hohe Stock« mit den prächtigen Wohn- und Repräsentationsräumen der Erzbischöfe. Das Fürstenzimmer zählt mit seinen spätgotischen Schnitzereien zu den schönsten gotischen Profanräumen Europas. Die Goldene Stube mit teils vergoldeter oder bemalter Holztäfelung birgt einen monumentalen Kachelofen von 1501. Vier Spiralsäulen aus rotem Marmor tragen die Holzdecke vom Großen Festsaal.

Heute präsentiert sich die Festung unter dem Motto »Geschichte vor Ort erleben« – Herzstück ist das im Jahr 2000 neu adaptierte Burgmuseum mit einer Vielzahl von mittelalterlichen Schaustücken.

! Dom (17. Jh.), Franziskanerkirche (13.–15. Jh.), Mozarthaus (18. Jh.), Residenz (17. /18. Jh.), Schlösser Hellbrunn, Mirabell (17. Jh.), Anif (17.–19. Jh.), Stift Nonnberg (8.–15. Jh.), Benendiktinerstiftskirche (17. Jh.)
Berchtesgadener Alpen, Salzkammergut

A-5020 Salzburg
Mönchsberg 34
(06 62) 84 24 30-11
FAX (06 62) 84 24 30-20
www.salzburg-burgen.at
Burgareal:
15. März–14. Juni 9–18 Uhr,
15. Juni–14. Sept. 9–19 Uhr,
15. Sept.–14. März 9–17 Uhr
Innenbereiche:
15. März–14. Juni 9.30–17.30 Uhr,
15. Juni–14. Sept. 9.30–18 Uhr,
15. Sept–14. März 9.30–17 Uhr
Festungsrestaurant, Burgschänke
! Ausstellungen, Festungsmuseum und Rainer-Regimentsmuseum, Festungskonzerte

TOP TEN

1 Hoher Stock (Altes Schloss)
2 Khuenburgbastei
3 Bürgermeisterturm (Schlangenrondell)
4 2. Sperrbogen
5 3. Sperrbogen
6 Nonnbergbastei
7 Burgkirche
8 Reckturm
9 Glockenturm
10 Hasengrabenbastei
11 Trompeterturm

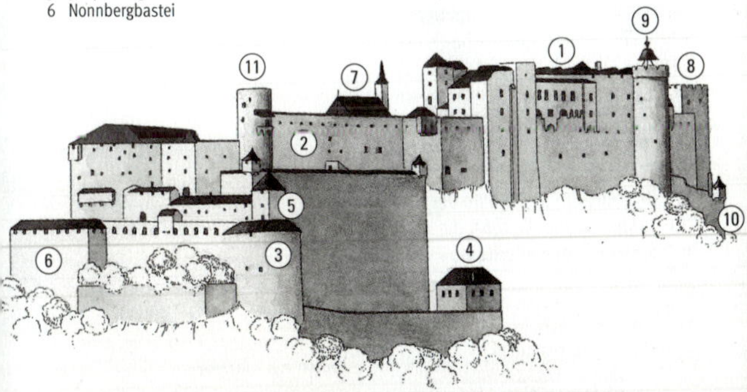

Festung Hohenwerfen

Grenzfestung zum Schutz der Residenzstadt: Ein mächtiges Bollwerk auf markantem Fels

SALZBURG

Die gemeinsam mit den »Schwesterburgen« Hohensalzburg und Petersberg ob Friesach unter Erzbischof Gebhard I. von Salzburg im Zusammenhang mit dem Investiturstreit errichtete Befestigungsanlage thront weithin sichtbar auf einem markanten Felsen 155 Meter hoch über dem Salzachtal. Eingebettet in die imposante Alpenlandschaft des Hagen- und Tennengebirges, hatte die massige, mit ihren charakteristischen Zinnen und Türmen bewehrte Burg die strategisch wichtige Funktion einer Grenzfestung gegen Bayern zum Schutz der nahe gelegenen Residenzstadt. Zentrum der Burg ist der große mittelalterliche Palas und der Glockenturm. Unterhalb der interessanten Kapelle führt die »finstere Stiege« zum Wallerturm.

! **Bischofshofen:** Frauen- (15. Jh.), Georgs- (13. Jh.) und Pfarrkirche (9.–15. Jh.), **Golling:** Altstadt, St. Nikolaus (16. Jh.)
Eisriesenwelt, Gollinger Wasserfall, Liechtensteinklamm, Salzachklamm

A-5420 Werfen
(0 64 68) 76 03
FAX (0 64 68) 76 03-4
www.salzburg-burgen.at
April, Okt., Nov. 9–16.30 Uhr,
Mai, Juni, Sept. 9–17 Uhr,
Juli, Aug. 9–18 Uhr
Burgrestaurant, Burgschänke
! Sonderausstellungen, Falknerei-Sonderprogramm (Greifvogellehrpfad und Falknereimuseum), historisches Schaufechten, Ritterspiele, Festveranstaltungen

Zeittafel

1077 Erste Burg für Erzbischof Gebhard I. von Salzburg

1122 Ausbau durch Erzbischof Konrad I. von Salzburg

1525–74 Um- und Ausbau für Matthäus Lang und J. J. Kuen-Belasi, Erzbischöfe von Salzburg

1624–32 Ausbau für Erzbischof Paris Lodron von Salzburg

1824–33 Instandsetzung des »pitoresquen Altertums« im Auftrag Kaiser Franz I.

Schloss Eggenberg

Residenz des »Statthalters von Innerösterreich«: Eine geniale Allegorie des Universums in Graz

A-8010 Graz
Eggenberger Allee 90,
Landesmuseum Joanneum
(03 16) 58 32 64-0
FAX (03 16) 58 32 64-95 55
www.museum-joanneum.at
Palmsonntag–Okt. Di–So 10–17 Uhr
Cafépavillon im Schlosspark
! Beletage mit reichen Interieurs des 17. und 18. Jh., Planetensaal, Gemäldezyklus des Hofmalers Hans Adam Weissenkircher (1685), Archäologische Sammlungen, Historischer Schlosspark, Sonderausstellungen

Zeittafel

1625–35 Bau der Residenz für Fürst Hans Ulrich von Eggenberg durch Pietro de Pomis

Westlich von Graz liegt das herrliche Barockschloss einer Familie bürgerlicher Herkunft, die einflussreiche Stellungen bei Hofe erlangte: 1623 zum Reichsfürsten, 1625 zum »Statthalter von Innerösterreich« ernannt, baute sich Hans Ulrich von Eggenberg eine Residenz, die seiner Würde entsprechen sollte. Mit einzigartiger Originalität wurde das Schloss zum Sinnbild des Universums. Auf nahezu quadratischem, von vier Ecktürmen eingefasstem Grundriss entstand ein gewaltiger Palast mit 365 Fenstern sowie 24 Prunkräumen mit wiederum 52 Fenstern. Aus dem Schnittpunkt der Innenhöfe erhebt sich der Hauptturm mit barockem Helm. Die dreigeschossige Fassade wird von einer großartigen Portalanlage gegliedert.

! Altstadt mit Hauptplatz, Dom (15. Jh.), Landhaus (16. Jh.), Mariahilf-Kirche (17. Jh.), Mausoleum (17. Jh.), Schlossberg mit Uhr- und Glockenturm, Zeughaus (17. Jh.)
Steir. Thermenland, Steir. Weinstraße

Feste Riegersburg

Gigantische Festung gegen Ungarn und Türken: Eine kühne Bastion an der Ostgrenze Österreichs

Die auf den Resten eines 482 Meter hohen Vulkans thronende Festung wurde zum Schutz der nördlichen Flanke der steirischen Ostgrenze gegen die Ungarn errichtet und im 17. Jh. als Verteidigungsanlage gegen die Türken weiter ausgebaut. Mit ihren drei Kilometer langen Wehrmauern, fünf Toren und elf Basteien widerstand die kühne und trutzige Burg allen feindlichen Anstürmen. Hinter dem äußeren Graben befindet sich die Vorburg mit Zeughaus und Wenzelstor, dem Eingang zum ersten Burghof. Von hier aus führen Zugänge zur Burgkapelle, zum Archiv, zur Schmiede und zum inneren Burghof mit Brunnen. Die eindrucksvollen Säle sind prachtvoll mit Schnitzereien und Malereien geschmückt.

! **Bad Gleichenberg:** Schloss Kornberg (13.–17. Jh.), **Bad Radkersburg:** Stadtbefestigung, **Blumau:** Thermenanlage (20. Jh.), **Schlaining:** Burg, **Güssing:** Burg (12. Jh.), Steir. Thermenland, Steir. Weinstraße

A-8333 Riegersburg,
Prinz Liechtenstein'sche Gutsverwaltung
(0 31 53) 83 46
FAX (0 31 53) 74 38
www.riegersburg.com
www.veste-riegersburg.com
April–Okt. 9–17 Uhr
Burgtaverne
! Hexenmuseum, Burgmuseum: Ausstellung »Sagenhafte Riegersburg – legendäre Frauen«, Greifvogelwarte

Zeittafel

1122 Erste Burg für Rüdiger von Hohenberg

13. Jh. Doppelburganlage mit der nördlichen Burg Kronegg und der vermutlich als Gegenburg später errichteten Burg Lichtenegg

1571 Aus- und Umbau zur Festung für Freiherr Hans von Stadl

17. Jh. Aus- und Umbau mit Basteien und Toren

1822 Übergang an die Fürsten von Liechtenstein

Schloss Herberstein

Imposanter Herrschaftssitz in der Steiermark: Ein traditionsreiches Tier- und Naturparkerlebnis

STEIERMARK

✉ A-8222 St. Johann b. Herberstein, Tier- und Naturpark
☎ (0 31 76) 8 82 50
FAX (0 31 76) 87 75 20
www.herberstein.co.at
Mitte März–Okt. 9–18 Uhr, Nov.–Mitte März 10–16 Uhr
Landgasthaus Marienhof, Schlosscafé, Tikiba-Schänke, Biergarten am Pumafelsen
! Ausstellungen, Tier- und Naturpark, Tikiba-Kinderland, Kutschenfahrten, Weindegustationen im Schlosskeller

Zeittafel

1210 Erste Burg für die Grafen von Stubenberg

ab 1290 Aus- und Umbau für Otto von Hartberg

ab 1554 Aus- und Umbau zur Schlossanlage für Sigmund Freiherr von Herberstein durch Anton Solar

1674/75 Anlage eines Zier- und Lustgartens sowie des Tierparks

Die prachtvolle Schlossanlage erhebt sich oberhalb einer 40 Meter tiefen romantischen Klamm auf einem Felsausläufer, der dreiseitig von der Feistritz umflossen wird. Neben den ältesten Bauteilen im Westtrakt sind der nördlich gelegene Wohnbau und der Bergfried noch gut erhalten. Der südlich gelegene Wehrbau wurde im 15. Jh. als Verbindung von Bergfried und Wohnbau umgestaltet, bevor die Burg im 16./17. Jh. zur komplexen Schlossanlage verändert wurde. Herzstück dieses Wandels sind der reizvolle Florentinerhof sowie die prächtige Ausstattung des Rittersaals und der Georgskapelle. Neben dem Schloss sind der traditionsreiche Tier- und Naturpark sowie die historischen Gartenanlagen aus dem 17. Jh. die Hauptattraktionen.

! **Pöllau:** Stiftskirche (18. Jh.), **Pöllauberg:** Wallfahrtskirche (14. Jh.), **Vorau:** Stift (13.–18. Jh.) mit Schloss Festenburg (18. Jh.), **Weiz:** Thomaskirche (13.–17. Jh.)
Pöllauer Tal, Schlösserstraße

Schloss Ambras

Renaissancejuwel vor grandioser Alpenkulisse: Eine Schatzkammer für Ferdinand II. von Tirol

TIROL

Auf einer Anhöhe in der Nähe des Stadtteil Ambras südöstlich von Innsbruck liegt Schloss Ambras, das vor allem wegen seiner großartigen Sammlungen bekannt ist. Der untere Schlosshof wird im Norden von der steilen Front des Hochschlosses überragt. Ihm gegenüber liegt das Unterschloss, durch das das Hauptportal ins Innere des Hofes führt. Zwischen Unter- und Hochschloss befindet sich der lange Trakt des Spanischen Saals, dem ersten monumentalen Renaissance-Saalbau auf deutschem Boden. Die ursprünglich von Erzherzog Ferdinand II. in eigens errichteten Museumstrakten aufgestellten Sammlungen zeigen seine berühmten Kunst- und Wunderkammern sowie Rüstkammern mit Waffen und Harnischen.

! Dom (18. Jh.), Hofburg (18. Jh.), Hofkirche mit Mausoleum (16. Jh.), »Goldenes Dachl« (15. Jh.) und Helblinghaus (18. Jh.), Basilika und Stiftskirche Wilten (18. Jh.)
Karwendelgebirge, Stubaier Alpen

A-6020 Innsbruck
Schlossstr. 20
(05 12) 5 25 24-745/-746
FAX (05 12) 5 25 24-750
www.khm.at/ambras
www.bundesgarten.at
April–Okt. Mi–Mo 10–17 Uhr,
Dez.–März Mi–Mo 10–17 Uhr
Restaurant-Café Schloss Ambras
! Ausstellung: Rüst-, Kunst- und Wunderkammern, Schlosskonzerte (Juli/Aug.), Schlosspark

Zeittafel

11. Jh. Sitz der Grafen von Andechs

14. Jh. Übergang an die Habsburger

1561 Geschenk Kaiser Ferdinand I. für seinen zweiten Sohn Erzherzog und Landesfürst Ferdinand II. von Österreich-Tirol

1570/71 Umbau zum Renaissanceschloss als Geschenk für seine Frau Philippine Welser durch Giovanni Lucchese

Festung Kufstein

Bastion im Grenzland zwischen Tirol und Bayern: Eine gewaltige Festung vor dem Wilden Kaiser

TIROL

A-6330 Kufstein
(0 53 72) 60 23 50
FAX (0 53 72) 7 10 60
www.festung.kufstein.at
Mitte März–2. Nov. 9–17 Uhr, 3. Nov.–Mitte März 10–16 Uhr
Festungswirtschaft
! Festungs- und Heimatmuseum, Panoramabahn Kaiser Maximilian, Heldenorgel, Tiefer Brunnen, Felsengang, Nutzpflanzen- und Kräutergarten, Annabatterie, Carolibastion, Schlossrondell mit Wehrgang, Staatsgefängnis im Kaiserturm, Bürgerturm mit Heldenorgel-Pfeifen, Open-Air-Konzerte und Events in der Josefsburg

Zeittafel

1133 Erste Burg als Lehen der Bischöfe von Regensburg unter den Herzögen von Bayern

1363 Übergang an die Habsburger

1415 Ausbau für Herzog Ludwig von Bayern

1505–22 Neu- und Ausbau zur Festung für Kaiser Maximilian I.

1745 Um- und Ausbau mit Bastionen und Josefsburg durch Johann Martin Gumpp

Die monumentale, auf einem steilen Felskopf strategisch günstig über dem Inntal emporragende Grenzfeste Kufstein war über die Jahrhunderte Streitobjekt in der Rivalität zwischen Österreich und Bayern, das ständig zwischen den beiden Seiten wechselte. Die Festung wird an ihrem höchsten Punkt vom massiven viergeschossigen »Kaiserturm« beherrscht, einem gewaltigen Geschützturm mit einem Durchmesser von 21 Metern und bis zu sieben Meter starken Mauern. Im 18. Jh. erhielten das Obergeschoss 13 Gefängniszellen und die Festungsanlage pfeilförmig vorgelagerte Bastionen mit Kasematten, die so genannte Josefsburg. Als Unterkunft für das Militär dienten die Kasernenbauten auf der Josefsburg.

! **Brixlegg:** Burgen Kropfsberg und Matzen (beide 12. Jh.), **Mariastein:** Burg und Gnadenkapelle (14. Jh.), **Kufstein:** Heldenorgel (20. Jh.), **Wörgl:** St. Lorenz (18. Jh.)
Kaisergebirge, Kitzbüheler Alpen

Schloss Tratzberg

Faszination zwischen Gotik und Renaissance: Ein Riesenhaus am Hang über dem Inntal

TIROL

Malerisch über dem Inntal am Osthang des Karwendelgebirges liegt Schloss Tratzberg – eines der bedeutendsten Schlösser Nordtirols. Das Faszinierende an diesem Bauwerk ist seine homogene Architektur, die den Übergang von der Gotik zur Renaissance widerspiegelt, ohne durch spätere Umbauten verändert worden zu sein. Auf nahezu quadratischem Grundriss wurden um einen Innenhof vier teils viergeschossige Gebäudeflügel errichtet. Den Südflügel flankieren zwei schlanke Türme, ein dritter springt talseitig aus der Mitte der Gebäudeflucht hervor. Der prachtvolle Innenhof dokumentiert mit seinem Wendeltreppenturm und dem Zusammenspiel von Pilastern und Blendarkaden den Übergang von der Gotik zur Renaissance.

! **Alpbach:** Bauernhofmuseum, **Hall in Tirol:** Burg Hasegg (14. Jh.), Oberer Stadtplatz, St. Nikolaus (13. Jh.), Rathaus (15. Jh.), **Rattenberg:** Altstadt, St. Virgil (15. Jh.)
Achensee, Karwendel- und Rofangebirge

A-6135 Stans, Gutsverwaltung
(0 52 42) 6 35 62-15
FAX (0 52 42) 6 35 62-45
www.schloss-tratzberg.at
April–Okt. 10–16 Uhr
Café zum Schlosswirt
! Audiovisuelle Führungen durch das original möblierte Schloss: Königinnenzimmer, Rüstkammer, Fuggerstube, Habsburgersaal mit Wandgemälde des Habsburger Stammbaumes (148 fast lebensgroße Halbfiguren auf einer Gesamtlänge von 46 Metern), Teufelszimmer, Schlosskapelle, Maximilianstube, Tänzlzimmer

Zeittafel

1296 Erste Wehrburg an der einstigen Grenze gegen Bayern

1491 Brandzerstörung

1500–15 Wiederaufbau im gotischen Stil durch die Herren von Tänzl

1560–71 Ausbau im Stil der Renaissance durch den Fugger Georg von Ilsung

1847 Übergang an die Grafen von Enzensberg

Schloss Belvedere

Schöne Aussicht des »edlen Ritters« Prinz Eugen: »Wiens zarteste Blume barocker Wohnkultur«

A-1030 Wien
Prinz-Eugen-Str. 27,
Österreichische Galerie Belvedere
(01) 7 95 57-134
FAX (01) 7 95 57-134
www.belvedere.at
www.bmlf.gv.at
www.bundesgaerten.at
Di–So 10–18 Uhr
Café-Restaurant
! Oberes Belvedere: Sammlungen des 19. und 20. Jh.
Unteres Belvedere: Barockmuseum
Orangerie: Museum mittelalterlicher Kunst, Schlosspark

Zeittafel

1714–16 Bau des Unteren Belvedere als Wohnschloss für Prinz Eugen von Savoyen durch Johann Lucas von Hildebrandt

1717–19 Anlage des französischen Gartens durch Dominique Girard

1720 Bau der Orangerie

1721–23 Bau des Oberen Belvedere als Lustschloss für Prinz Eugen von Savoyen durch Johann Lucas von Hildebrandt

1752 Übergang an die Habsburger

Ein auf drei Terrassen angelegter Garten verbindet die zu den glanzvollsten Schöpfungen des Barock zählenden Schlösser Oberes und Unteres Belvedere (ital. = »schöne Aussicht«). Das Obere Belvedere, einst Lustschloss für Festlichkeiten, erinnert mit seinen türkischen Zelten gleichenden Mansardendächern an die Siege Prinz Eugens über die Osmanen. Neben der imposanten Eingangshalle, der Kapelle und dem Marmorsaal zeigt es Gemäldesammlungen des 19. und 20. Jh. Seine prächtige Nordfassade führt zur Gartenanlage mit ihren mythischen Skulpturen, Fontänen und Kaskaden. Das Untere Belvedere, nach außen ein schlichtes Landschloss, entfaltet mit Marmor-, Spiegel- und Groteskensaal seine ganze Pracht im Inneren.

! Hofburg (13.–20. Jh.), Museumsquartier, Rathausplatz mit Burgtheater, Neuem Rathaus, Parlament u. Universität (alle 19. Jh.), Secession (20. Jh.), Stephansdom (12.–15. Jh.), Staatsoper (19. Jh.), Karlskirche (18. Jh.)

WIEN

Schloss Schönbrunn

Kaiserliche Sommerresidenz der Habsburger: Ein Gesamtkunstwerk des Barock und Rokoko

WIEN

Die einstige Sommerresidenz der Kaiserfamilie im Westen von Wien verdankt ihren Namen dem »schönen Brunnen«, einer Quelle mit besonders reinem Wasser. Ein hier bereits im 14. Jh. als »Katterburg« bezeichnetes Anwesen kam 1569 in habsburgischen Besitz und legte den Grundstein für einen repräsentativen Wohnsitz mit Lust- und Tiergarten. Das 1642 in »Schönbrunn« umbenannte Lustschloss fiel 1683 der Türkenbelagerung Wiens zum Opfer. Kaiser Leopold I. entschloss sich, Schönbrunn dem Thronfoger Joseph zu überlassen und auf den Grundmauern des zerstörten Lusthauses einen repräsentativen Neubau zu errichten. Es entstand eine in ihren Ausmaßen und ihrer Ausstattung imposante Residenz als Gesamtkunstwerk der Architektur und Gartenkunst in der Zeit des Übergangs vom Barock zum Rokoko. Der mächtige Baukörper zählt mitsamt dem südlich vorgelagerten Park zu den bedeutendsten Schlossanlagen Europas. Seine über 180 Meter lang gestreckte Hoffassade mit überhöhtem Mittelrisalit und vorspringenden Eckflügeln ist ein großartiges Zeugnis des Spätbarock.

Zeittafel

seit 14. Jh. »Katterburg«

um 1642 Umbau zum Lustschloss »Schönbrunn« für Kaiserin Eleonora von Gonzaga

1696–1705 Neubau der barocken Sommerresidenz für Thronfolger Joseph im Auftrag seines Vaters Kaiser Leopold I. durch Johann Bernhard Fischer von Erlach

1744–63 Umbau im Stil des Rokoko für Kaiserin Maria Theresia durch Nikolaus Pacassi

1695–1700 Anlage des französischen Gartens durch Jean Trehet

1775–80 Umgestaltung des Gartens im Auftrag Maria Theresias durch Johann Ferdinand Hetzendorf von Hohenberg

1815 Klassizistischer Umbau

Unter Kaiserin Maria Theresia schuf Nikolaus Pacassi mit prunkvollen Stuck- und Freskoarbeiten die bedeutendsten Rokoko-Raumschöpfungen imperialer Wohnkultur: Die verspielten Formen des Rokoko-Dekors aus Rocaillen, Spiegeln und wandfesten Gemälden sowie die einst hochmodernen Chinoiserien verwandelten die Räumlichkeiten in exquisite Säle und Salons voller höfischer Pracht und Behaglichkeit.

Der 185 Hektar große Schlosspark besitzt reichen plastischen Schmuck. Auf der Sichtachse in seinem Zentrum befindet sich der prächtige Neptunbrunnen, der östlich von einer Römischen Ruine und dem »Schönen Brunnen« flankiert wird. Westlich liegt der bereits 1752 als »Menagerie« eröffnete, älteste Tierpark der Welt sowie das Palmenhaus, größtes Glashaus Europas mit einer Vielzahl exotischer Pflanzen. Die Gloriette, ein frühklassizistischer Kolonnadenbau in der Art eines Triumphtores zur Erinnerung an den Sieg Österreichs über Preußen im Jahre 1757, bekrönt den Hügel als monumentaler Schlusspunkt der Sichtachse.

! Baden: Bäderarchitektur, Gumpoldskirchen: Heurigenlokale, Hinterbrühl: Seegrotte, Mayerling: Abtei Heiligenkreuz (12.–17. Jh.), Perchtoldsdorf: Marktplatz
Weinstraße, Wienerwald

A-1130 Wien,
Kultur- und Betriebsges.m.b.H.,
Schönbrunner Schlossstraße
(01) 8 11 13-239
FAX (01) 8 11 13-333
www.schoenbrunn.at
www.bundesgaerten.at
April–Okt. 8.30–17 Uhr,
Juli, Aug. 8.30–18 Uhr,
Nov.–März 8.30–16.30 Uhr
Café-Restaurant Residenz,
Café Gloriette, Café Meierei
! Schloss: Schauräume
Wagenburg: Kutschenmuseum
Schlosspark: Gloriette, Menagerie mit Pavillon, Najadenbrunnen, Neptunbrunnen, Obelisk, Großes Palmenhaus, Römische Ruine, Schöner Brunnen

TOP TEN

1 Mittelbau mit Großer Galerie und Chinesischem Rundkabinett
2 Westflügel mit Blauer Stiege und den Kaisergemächern von Elisabeth und Franz Joseph I. und Millionenzimmer
3 Ostflügel mit den ehemaligen Gemächern von Kaiserin Maria Theresia: Blauer Salon, Vieux-Laque-, Napoléon- und Millionenzimmer
4 Schlosspark

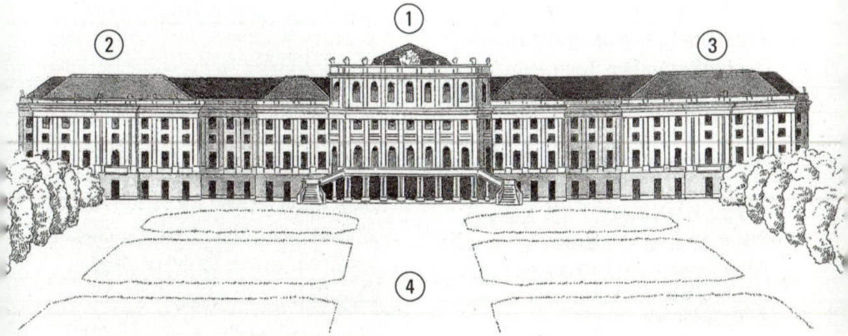

Schloss Lenzburg

Sagenhafte Drachenburg im Aargau: Eine Landvogtei als mächtige Höhenburg

AARGAU

Die reizvoll auf einem Molassehügel zwischen den Städten Aarau und Baden gelegene Anlage gilt als eine der ältesten und bedeutendsten Höhenburgen der Schweiz. Palas und Bergfried gehörten bereits zur hochmittelalterlichen Stammburg der Lenzburger Grafen, die nach deren Aussterben zunächst an die Kyburger und dann an die Habsburger fiel. Aus dieser Zeit stammt das Ritterhaus mit seinen schönen Maßwerkfenstern und dem steilen Walmdach. Die Berner Eidgenossen erweiterten die Burg zunächst mit dem Landvogteibau und später mit Bastionen, Türmen und Torbauten zur großräumigen Festungsanlage. Heute befindet sich in den Räumlichkeiten das Historische Museum des Kantons Aargau.

! **Aarau:** Schlössli (12. Jh.), **Aarburg:** Festung (12.–17. Jh.), **Baden:** Landvogteischloss (13.–15. Jh.), **Habsburg:** Burg (11. Jh.), **Wildegg:** Schloss (12.–19. Jh.)
Hallwilersee

CH-5600 Lenzburg,
Stiftung Schloss Lenzburg
(062) 888 48-40
FAX (062) 888 48-41
www.schlosslenzburg.ch
April–Okt. Di–So 10–17 Uhr
Museumscafé mit Gartenterrasse
! Historisches Museum des Kantons Aargau, Rittersäle

Zeittafel

1077 Erste Burg für Graf Ulrich von Lenzburg

1173 Übergang an die Grafen von Kyburg

1273 Ausbau für die Habsburger

1433 Kauf der Burg durch die Berner Eidgenossen

ab 1460 Bau der Landvogtei als Amts- und Wohnhaus der Berner Landvögte

1625 Ausbau zur Festung

1775 Anlage des französischen Gartens

Schloss Hallwyl

Jahrhundertealter Familienbesitz der Grafen: Das schönste Wasserschloss der Schweiz

CH-5707 Seengen
(062) 7 67 60-10
FAX (062) 7 67 60-18
www.schlosshallwyl.ch
April–Okt. Di–So 10–17 Uhr
Café in der Schlossscheune
! Hintere Insel: Neue Dauerausstellung zur Geschichte der Familie von Hallwyl mit verschiedenen Themenbereichen, Vordere Insel: Kornhaus mit Ausstellung zum alten Handwerk und lokalem Brauchtum

Auf zwei Inseln, umflossen vom Abfluss des Hallwilersees, liegt das mächtige Wasserschloss. In der Gefolgschaft der Lenzburger, Kyburger und Habsburger bewahrten die Hallwyler durch Geschick und einen Ganerbenvertrag ihren Familienbesitz über die Jahrhunderte. Das malerische Schloss mit seinen wuchtigen, von Kegeldächern bedeckten Rundtürmen und der mit Zinnen bewehrten Ringmauer besteht aus mehreren Gebäudeteilen: Eine Zugbrücke führt auf die vordere Insel mit Hof, Korn- und Wohnhaus. Auf der hinteren Insel steht die Ruine des ersten Wohnturms aus dem 12. Jh. Im Wohngebäude befindet sich seit 2003 die neue Themenausstellung zur Geschichte der Familie Hallwyl.

Zeittafel

12. Jh. Erste Burg mit Wohnturm auf der hinteren Insel für die Herren von Hallwyl

14. und 15. Jh. Mehrfache Brandzerstörungen und Wiederaufbauten

16. Jh. Aus- und Umbau

1925 Restaurierung für Gräfin Wilhelmine von Hallwyl

seit 1994 Besitz des Kantons Aargau

! **Beromünster:** Stiftskirche (18. Jh.), **Gelfingen:** Schloss Heidegg (12. Jh.), **Muri:** Klosterkirche (17. Jh.), **Sempach:** Schlachtkapelle (14.Jh.), **Sursee:** Altstadt
Baldegger-, Hallwiler-, Sempacher See

Burg Thun

Prachtstück am »Tor zum Berner Oberland«: Ein Donjon nach normannischem Vorbild

Der geschlossene Altstadtkern beiderseits der Aare wird von Schloss Thun beherrscht, dessen gewaltiger rechteckiger Donjon mit 42 Meter hohem Walmdach und vier schlanken runden Ecktürmchen seit Jahrhunderten einen der wichtigsten Alpenpässe überwacht. Der fünfgeschossige romanische Bau nach Vorbild normannischer Wohntürme birgt im Innern das Historische Museum mit kostbaren Altarteppichen aus dem 13. und 14. Jh., einer Waffen-, Rüstungs- und Keramiksammlung sowie Beutestücken von den Burgunderkriegen aus dem Besitz Herzog Karls des Kühnen. Der prachtvolle Rittersaal, einer der größten der Schweiz, wird für kulturelle Veranstaltungen genutzt.

! **Bern:** Altstadt mit Kram- und Marktgasse, Bärengraben, Bundeshaus (19. Jh.), Münster (15. Jh.), Zytgloggeturm (13. Jh.), **Hilterfingen:** Schloss Hünegg (19. Jh.), **Oberhofen:** Schloss (12.–19. Jh.), **Thun:** Altstadt, Schloss Schadau (19. Jh.)

CH-3600 Thun
Schlossberg,
Historisches Museum

(033) 22 320-1

FAX (033) 22 320-84

www.schlossthun.ch

Feb., März 13–16 Uhr,
April–Okt. 10–17 Uhr,
Nov.–Jan. So 13–16 Uhr

Einkehrmöglichkeiten in der Stadt

! Historisches Museum

Zeittafel

1191 Befestigtes Schloss für Herzog Berchthold V. von Zähringen

1218–50 Aus- und Umbau für die Grafen von Kyburg

1384 Übergang an die Stadt Bern

1429–36 Erweiterung um das Amtschloss des Berner Schultheißen

Festung Munot

Abbild der Festungstheorie Albrecht Dürers: Der Wächter über dem Rheinfall von Schaffhausen

CH-8200 Schaffhausen
(052) 632 40 20
FAX (052) 632 40 30
www.schaffhausen-tourismus.ch
Mai–Sept. 8–20 Uhr, Okt.–April 9–17 Uhr
Einkehrmöglichkeiten in der Stadt

Hoch über der mittelalterlichen Altstadt Schaffhausens thront auf einem Rebenhügel das imposante Kastell Munot als weltweit einzige praktische Umsetzung der Theorie einer so genannten Zirkularfestung des vor allem als Maler bekannten Albrecht Dürer. Vom kreisrunden Festungswerk aus ließen sich alle Angriffsrichtungen im Sinne einer Rundumverteidigung gleich gut abwehren. Fünf Meter dicke Mauern bilden das runde Bauwerk, das weitläufige Kasematten in seinem Innern birgt. Darüber liegt eine offene Plattform für Geschütze und Soldaten, die im 17. Jh. mit Wehrgängen und Festungsgräben umgeben wurde. Der markante Südturm besitzt eine spiralförmige Aufstiegsrampe zur Versorgung der Artillerie.

Zeittafel

1564–89 Errichtung der Burgfestung als Bestandteil der Stadtbefestigung durch die Schaffhauser Bürger

1622 Ausbau der Festung mit Laufgängen und Pavillons

1799 Besetzung durch Franzosen

1826 Restaurierung der Anlage

! **Neuhausen:** Schloss Laufen (16. Jh.) und Schlössli Wörth (12. Jh.), **Schaffhausen:** Altstadt, Hallen für Neue Kunst, Münster (12. Jh.), Museum zu Allerheiligen

Klettgau, Rheinfall von Schaffhausen

Burg Sargans

Trutzburg an der Wegzweigung vor dem Gonzen: Das Wahrzeichen des Sarganserlandes

ST. GALLEN

Hoch ragt die Burg von Sargans über dem gleichnamigen Städtchen und wacht über einer alten Talgabelung: Dort, wo das Rheintal in einer großen Weitung auf das Tal der Seez trifft, thront weithin sichtbar die Burg. Ältester Teil ist der mächtige schlanke Bergfried, in dessen Obergeschoss noch der ehemalige Zinnenkranz und die Balkenlöcher des einstigen Wehrgangs zu erkennen sind. Daneben befinden sich Palas, Ringmauer und Zwinger sowie die Grundmauern der im 19. Jh. wegen Einsturzgefahr abgerissenen hinteren Gebäude. Die ehemaligen Dachgiebel sind noch im Turmverputz zu erkennen. Heute befindet sich in der Burg das Museum Sarganserland mit Exponaten zur Landeskunde.

! **Bad Ragaz:** Leonhardkapelle (15. Jh.), St. Pankraz (18. Jh.), Thermalbadeort, **Bad Pfäfers:** Heilbad (18. Jh.), **Pfäfers:** Klosterkirche (17. Jh.)
Gonzen, Rhein- und Seeztal, Walensee

CH-7320 Sargans, Museum Sarganserland
(081) 7 23 65 69
FAX (081) 7 23 65 69
www.pizol.ch/sargans
April–Okt. 10–12 und 13.30–17 Uhr, Nov.–März auf Anfrage
Burgrestaurant
! Museum Sarganserland, Weindegustation im »Torkelkeller«

Zeittafel

1282 Burg der Grafen von Werdenberg-Sargans

1396 Verpfändung an Herzog Leopold von Österreich

1445 Belagerung durch die Eidgenossen

15. Jh. Aus- und Umbau zum Amtssitz der eidgenössischen Landvögte

1899 Kauf durch die Ortsgemeinde Sargans

Schloss Kyburg

Wichtigste Burg zwischen Limmat und Bodensee: Eine Schatzkammer für Rudolf von Habsburg

✉ CH-8314 Kyburg,
Museum Schloss Kyburg
☎ (052) 2 32 46 64
FAX (052) 2 32 69 35
www.schlosskyburg.ch
⏲ Feb.–April, Nov. Di–So 10.30–16.30 Uhr, Mai–Okt. Di–So 10.30–17.30 Uhr
🍴 Kaffee- und Getränkeautomat, Einkehrmöglichkeiten im Ort
! Leben auf dem Schloss im Mittelalter und in der frühen Neuzeit, Gericht, Gefängnis und Folterkammer, Sonderausstellungen, Kammermusikfestival (Anf. Aug.), Schlossgarten mit alten Gemüsesorten

Zeittafel

10. Jh. Fluchtburg

1027 Erste Erwähnung als »Chuigeburch« (= Kühburg)

1065–1264 Sitz der Grafen von Kyburg

ab 1273 Ausbau unter den Habsburgern

1452–1798 Sitz der Zürcher Landvögte, Ausbau zum Langdvogteischloss

1832–1917 In privatem Besitz

seit 1917 Besitz des Kantons Zürich

Die strategisch günstig und malerisch auf einer Anhöhe gelegene Kyburg war als Sitz der Grafen von Kyburg – einem der mächtigsten Dynastiegeschlechter der Schweiz und Schwabens – die wichtigste Feudalburg der weiten Umgebung. Rudolf von Habsburg, seit 1273 deutscher König, soll hier nach deren Aussterben sogar die Reichskleinodien aufbewahrt haben. Um den stimmungsvollen Burghof mit Brunnen von 1578 gruppieren sich Grafenhaus mit Bergfried, Ritterhaus mit Rüstkammer und Ringmauern mit Wehrgängen, Zwinger, Graben. Einen besonderen Schatz der Kyburg stellen die Wandmalereien in der romanisch-gotischen Burgkapelle dar: Die Darstellung des Jüngsten Gerichts zeigt Christus als Weltenrichter.

! **Winterthur:** Kunstmuseum, Sammlung Oskar Reinhart, Villa Flora, **Zürich:** Grossmünster (11.-13. Jh.), Kunsthaus, Museum Rietberg, Schweiz. Landesmuseum, Quais
Rheinfall, Zürichsee

Glossar

Altan (ital.) balkonartiger Anbau
Arkade (lat.) Bogenstellung, Bogen über Säulen oder Pfeilern
Balustrade (ital.) von kleinen profilierten Säulen getragenes Geländer
Bastei → Bastion
Bastion (provenzal.) rundlicher oder eckiger, zur Sicherung der Flanken und Gräben aus der Umfassungslinie einer → Festung vorgeschobener Mauerbau, seit dem 16. Jh. auch → Bastei genannt
Batterie (frz.) u.a. Ort, an dem sich Geschütze befinden
Bergfried innerer Hauptturm der mittelalterlichen Burg
Bollwerk Verteidigungsanlage in Form eines bohlenbewehrten Erdwalls, später Allgemeinbezeichnung für eine Festungsanlage
Communs (frz.) Nebengebäude
Corps de Logis (frz.) Mittelbau der barocken Schlossanlage, größer dimensioniert und oft reicher verziert als die angrenzenden → Flügel, für Repräsentationszwecke und das Treppenhaus vorgesehen
Donjon (frz.) wehrhafter Wohnturm einer Burg als französisch-normannisches Äquivalent zum → Bergfried
Dürnitz meist gewölbte Erdgeschosshalle im → Palas als Speise- und Aufenthaltsraum des Gesindes und der Burgmannschaft
Ehrenhof von drei Flügeln des Schlosses gebildeter Hof
Einsiedelei, auch Eremitage (frz.) abgeschieden gelegene Höhle oder Hütte eines Eremiten für ein zurückgezogenes Leben in Einsamkeit, seit dem 18. Jh. auch höfisches Gartenhaus in einer Parkanlage
Erker (frz.) aus der Mauer vorspringender, oftmals auf Holzstützen oder Steinkonsolen abgestützter Vorbau
Festung ursprünglich Verteidigungsanlage, die mit → Graben, → Wall und → Bollwerken umgeben ist, seit dem 16. Jh. auch starke Befestigung mit artilleristischer Armierung und kasernierten Truppen an einer strategisch wichtigen Stelle
Flügel Gebäudeteil, der einem Hauptbau durch seitliche, rechtwinklige oder schräge Angliederung baulich und funktionell untergeordnet ist
Fresko (ital.) Gemälde aus Erdfarben, das auf frischen, feuchten Kalkputz aufgetragen wird und im Verlauf des Trocknungsprozesses eine sehr haltbare Verbindung eingeht
Fries schmückender, plastischer oder gemalter horizontaler Wandstreifen zur Gliederung bzw. zum Abschluss von Fassaden und Innenraumwänden
Galerie saalartiger Vorraum eines Schlosses oder Laufgang am Gebäude
Ganerbenburg Anlage mit mindestens zwei Baugruppen, die von mindestens zwei Eigentümern (Ganerben = Miterben, Erbengemeinschaft eines Burgbesitzes) bewohnt wird
Gesims meist profilierter, auch in der Fläche ornamentierter plastischer Streifen zur horizontalen Gliederung von Gebäuden und Wandteilen
Giebel Abschlusswand an der Stirnseite eines Satteldachs
Graben die Burg oder Festung umgebender Erdeinschnitt als Annäherungshindernis vor den Befestigungen eines Wehrbaus
Halsgraben breiter und tiefer Sohlgraben, gelegentlich mit gemauerten Wänden
Hauptburg Hauptteil einer mehrgliederigen Burganlage, auch Hoch- oder Kernburg

Kasematte (ital.) Gewölbe im → Wall und in den Flanken eines → Bollwerks zur Aufstellung von Geschützen zur Verteidigung
Kaskade künstlicher, stufenförmiger Wasserfall
Kemenate (lat.) ein durch Kamin, später auch Kachelofen heizbares Gemach oder Bauwerk
Kolonnaden (lat.) Säulengang mit horizontal abschließendem Gebälk als selbstständiges Bauwerk oder im Anschluss an Gebäude
Laterne (lat.) rundes oder polygonales Türmchen, das mit Fenstern versehen ist und auf dem Scheitel einer Kuppel sitzt
Loggia (ital.) offene, von Pfeilern oder Säulen getragene, oft mehrgeschossige überwölbte Bogenhalle
Marstall Pferdestall eines Schlosses
Neopalladianismus Wiederbelebung einer von Andrea Palladio begründeten Architekturströmung der ital. Hochrenaissance im 18. Jh.
Obelisk (griech.) freistehender, hoher nach oben sich verjüngender Steinpfeiler
Orangerie Gartenhaus, ursprünglich Wintergewächshaus barocker Schlösser zum Überwintern exotischer Pflanzen
Palas Hauptgebäude einer Burg mit Fest- und Speisesaal
Pavillon (lat.) kleines Gartenhaus über zentralem Grundriss
Pilaster (lat.) flacher Wandpfeiler mit Basis und Kapitell
Ringmauer hohe, breite, von einem Wehrgang bekrönte Mauer, die die Burg nach außen abschirmt
Rocaille (frz.) muschelförmiges Ornament als Dekorationselement des Rokoko
Rondell rundes, mittelalterliches Befestigungswerk von der Art eines → Bollwerks
Rundbogenfries → Fries aus glatten oder ornamentierten kleinen Halbrundbogen
Säule stützendes Bauglied mit rundem, polygonalem oder profiliertem Querschnitt
Schildmauer besonders hoher und breiter Mauerbau, oft eingepasst zwischen Türmen
Sperrbogen meist bei Höhenburgen den emporführenden Zugangsweg absperrender Torbau
Verlies häufig das unterste Geschoss in einem Turm, zugänglich durch das Angstloch
Vorburg der → Hauptburg vorgelagerter Teil einer mehrgliedrigen Anlage für Unterkunfts- und Wirtschaftsgebäude, Ställe und Vorratshäuser
Vorhangbogen spätgotischer Abschluss von Fenstern mit girlandeartig hängendem Bogen
Vorwerk Außenwerk einer Befestigung
Wall (lat.) Aufschüttung von Erde als Hindernis, meist im Zusammenhang mit einem → Graben
Wehrgang Verteidigungsgang auf dem Bering einer Burg, häufig überdacht
Zeughaus Gebäude zur Aufbewahrung von Kriegs- und Verteidigungsmaterial
Zinne(n) schildartig erhöhte Mauerteile auf der Brustwehr eines → Wehrgangs
Zirkelbauten kreisförmig um ein Zentrum liegende Gebäude
Zisterne (lat.) Wasserbehälter zum Auffangen und Sammeln von Regenwasser
Zugbrücke die Brückenplatte wird u.a. durch Ketten hochgezogen, zugleich wird damit die Toröffnung verschlossen
Zwerchgiebel quer zum Dachfirst meist in der Flucht der Außenwand hochgeführter Dachausbau
Zwinger Flächenstreifen zwischen der äußeren Schutzmauer und der inneren → Ringmauer

Orts- und Personenregister

Hier finden Sie alphabetisch aufgeführt alle in diesem Band beschriebenen Burgen und Schlösser, Orte und die wichtigsten Persönlichkeiten.

Bildnachweis

Titelbild: Hohenschwangau, Schloss Neuschwanstein, von Bildagentur Huber
Fotos: Akademie des Handwerks 54; Amt d. NÖ Landesregierung 99; Archiv Herberstein 109; Barockschloss Riegersburg/M. Frank 101; Bayr. Verwaltung d. Schlösser, Gärten und Seen 21, 32; J. Bieker 16; Bildagentur Huber 22, 26, 31, 66, 82; H. Boswank 69, 71; B. Branscheid 12; Burg Forchtenstein 95; Burg Hocheppan 88; Burg Hochosterwitz/H. Steinmann 96; Burg Hohenzollern 9; Burg Querfurt/H. Einecke 76; Burg Rappottenstein 100; Burgen-Schlösser-Altertümer Rheinland-Pfalz 58, 59; Büro f. Tourismus, Annweiler a. Trifels 55; Fam. Hecher 64; A. Gebauer 52; Gemeinde Liechtenstein 13; Gutsverwaltung Schloss Tratzberg 112; H. Hartmann 30; O. Heinze 81; L. Held/Renno 84; Hessische Hausstiftung Schloss Fasanerie/B.K. & W. Werbeagentur Fulda 39; Holzner & Lengnik 72, 86; G. Huber 113; KHM Schloss Ambras 110; B. Kober 70; Krapohl Verlag 29; Kulturstiftung Dessau/Wörlitz Bildarchiv 78; Kulturzentrum Burg Vischering 53; Landesmedienzentrum Baden-Württemberg 8; Landkreis Merzing-Wadern 65; Marburg Tourismus & Marketing GmbH 41; H. Medina 42; Museum Schloss Ahrensburg 79; Museum Schloss Bernburg 74; Museum Schloss Greilenstein 102; Photo Press/Gnoni 24; H. Piel 63; J. F. Poplete 25; Presse- und Informationsamt Vaduz 92; Prinz Liechtenstein'sche Gewerbebetriebe 108; Prinz zu Bentheim 45; Pro Media/Jasiutyn 111; M. Radkai 94; Rheinsburg Cochem/Mosel/type art Dortmund 57; Salzburger Burgen & Schlösser 103, 104, 106; Schaffhausen Tourismus 119; Schloss Eggenberg/Jahre 107; Schloss Grafenegg 97; Schloss Hallwyl/B. Lattmann 117; Schloss Kyburg/E. Baumann 121; Schloss Lenzburg 116; Schloss Pillnitz/ G. Goers 68; Schloss Sargans/M. Bugg 120; Schloss Schönbrunn Kultur- und Betriebsges. m.b.H./G. Trumler 114; Schloss Tirol 87; Schloss Vianden 93; Schloss Weesenstein 73; Schloss Wernigerode/J. Stekovizs 77; G. Schneider 38; Staatl. Museen Kassel/G. Bößert 40; Staatl. Museum Schwerin/G. Bröcker 43; Staatl. Museum Schwerin/L. Steiner 44; Staatl. Schlossverwaltung Karlsruhe 17; Staatl. Schlossverwaltung Karlsruhe/LBB 18; Staatl. Schlossverwaltung Ludwigsburg/ C. Sandig 19; Staatl. Schlossverwaltung Ludwigsburg/Z. Braun 14; Stiftung Fürst-Pückler-Museum 35; Stiftung Hämelschenburg 47; Stiftung Preußische Schlösser u. Gärten Berlin Brandenburg/Cloet 34; Stiftung Preußische Schlösser u. Gärten Berlin-Brandenburg/Handrik 36; Stiftung Schloss Glücksburg 80; Südtiroler Burgeninstitut 91; M. Thomas 85, 89; Tourismus&Congress Service Coburg 23; Tourismus/Marketing Niedersachsen 46, 48, 49, 50; Tourismusinformation Heidenreichstein 98; Transglobe Agency 20; R. Tschacher 10; Unternehmen Stadt Kulmbach 28; J. Wiesemann 51; E. Wrba 75; F.G. Zeitz KG/M. Jermann 56, 60; zVg Churburg Südtirol 90; zVg Schloss Thun 118

Rhein
61
3
B
Schloss Stolzenfels
Marksburg
39
Schloss Fasanerie
Veste Coburg
23
66
Burg Eltz
60
59
56
Burg Pfalzgrafenstein
FRANKFURT a. M.
60
Reichsburg Cochem
57
63
58
Plassenburg
28
93
Burg Katz, Burg Maus, Burg Rheinfels
64
Burg Rheinstein
Schloss Johannisburg
20
70
Eremitage
21
Burg Vianden
48
29
3
WÜRZBURG
32
Würzburger Residenz
73
Trier
Schloss Mespelbrunn
67
61
9
Luxembourg
65
Burg Montclair
5
1
62
Schloss Schwetzingen
81
NÜRNBERG
31
Hambacher Schloss
62
18
10
Schloss Heidelberg
65
Speyer
6
Kaiserburg Nürnberg
A4
Burg Trifels
55
8
Schloss Bruchsal
12
Schloss Karlsruhe
FRANKREICH
DEUTSC
7
14
Schloss Ludwigsburg
9
17
A4
8
Schloss Rastatt
19
STUTTGART
STRASBOURG
Schloss Solitude
Hochkönigsburg
85
13
Burg Lichtenstein
8
81
9
Schloss Nymphenburg
30
Rhin
Burg Hohenzollern
7
5
96
MÜNCHEN
A35
Altes Schloss Meersburg
95
119
16
Bodensee
Schloss Neuschwanstein
Schloss Linderhof
Ronchamp
A36
Festung Munot
26
24
Schloss Lenzburg
116
121
Schloss Kyburg
BASEL
117
ZÜRICH
INNSBRUCK
A14
Schloss Hallwyl
92
Schloss Vaduz
A1
A3
120
Burg Sargans
FL
BERN
A13
Schloss Tirol
A12
118
Schloss Thun
Churburg
87
A1
SCHWEIZ
90
LAUSANNE
88
88
Lac Léman
Burg Hocheppan
GENÈVE
A2
A22
A9
L. di Garda
A9
A4
VERONA
MILANO
A4
A13
TORINO
A21
Po
ITALIEN
A1
GENOVA

Nützliche Adressen und Tipps

Thematische Websites

www.burginfo.de Wissenschaftlich orientiertes Burgeninformationssystem zu rund 1400 Burgen
www.burgen.ch Website über die Burgen in der Schweiz
www.burgeninstitut.com Offizielle Website des Südtiroler Burgeninstituts, Verein zum Schutz der historischen Wehrbauten, Schlösser und Denkmale der Kunst
www.burgenring.de Deutschsprachiger Webring für Liebhaber mittelalterlicher und frühneuzeitlicher Wehrbauten, Zusammenstellung burgenorientierter Websites
www.burgenverein.at Offizielle Website des Österreichischen Burgenvereins zur Erhaltung historischer Bauten
www.burgenwelt.de Deutschlands umfangreichste Website zum Thema Burgen und Festungen präsentiert rund 900 mittelalterliche Befestigungsanlagen
www.deutsche-burgen.org Offizielle Website der Deutschen Burgenvereinigung e.V. zur Erhaltung der historischen Wehr- und Wohnbauten
www.viaimperialis.at Offizielle Website des Vereins zur Erhaltung und Förderung des österreichischen Kulturgutes zu Burgen, Schlössern und Stiften Österreichs

Telefon

Die angegebenen Telefon- und Fax-Nummern gelten für Inlandsgespräche. Für Auslandsgespräche gelten folgende Landeskennzahlen:

nach Deutschland 00 49
nach Frankreich 00 33
nach Italien 00 39
nach Liechtenstein 00 423
nach Luxemburg 00 352
nach Österreich 00 43
in die Schweiz 00 41

Impressum

Liebe Leserinnen und Leser,

wir freuen uns, Ihre Meinung zu diesem MERIAN kompass zu erfahren. Bitte schreiben Sie uns, wenn Sie Berichtigungen und Ergänzungsvorschläge haben oder wenn Ihnen etwas besonders gut gefällt:

Gräfe und Unzer Verlag, Reiseredaktion, Postfach 86 03 66, 81630 München, e-mail: merian-kompass@graefe-und-unzer.de

Verlags- und Programmleitung:
Verónica Reisenegger
Idee und Konzeption: Jan Wiesemann
Kreativer Input: Jana Wiesemann
Text-, Bild- und Kartenredaktion: Ulrike Bässler
Redaktionelle Mitarbeit: Claudia Tadic
Illustrationen: Susanne Mocka
Wappenvorlagen: Ralf Stelter
Gestaltung: Ludwig Kaiser
Produktion: Helmut Giersberg
Druck und Bindung: Ludwig Auer GmbH

Gedruckt auf Primabulk von Papier Union.

Bei Interesse an Karten aus MERIAN-Produkten schreiben Sie bitte an:
iPUBLISH GmbH, geomatics
Berg-am-Laim-Straße 47
81673 München
e-mail: geomatics@ipublish.de

ISBN 3-7742-6096-6

10 9 8 7 6 5 4 3 2 1

Wir danken den Burgen- und Schlösserverwaltungen für ihre freundliche Unterstützung.

GRÄFE UND UNZER

Ein Unternehmen der
GANSKE VERLAGSGRUPPE